SOPHONISBE,

TRAGEDIE.

Par P. CORNEILLE.

1663. AlBeauchamps

Y45643

Imprimée à ROVEN, *Et fe vend*
A PARIS,
Chez GVILLAVME DE LVYNE, Libraire Iuré, au
Palais, en la Gallerie des Merciers,
à la Iuftice.

M. DC. LXIII.
AVEC PRIVILEGE DV ROY.

AV LECTEVR.

CEtte Piece m'a fait connoiſtre qu'il n'y a rien de ſi penible, que de mettre ſur le Theatre vn ſujet qu'un autre y a déja fait reüſſir; mais auſſi j'oſe dire qu'il n'y a rien de ſi glorieux, quand on s'en acquite digne-ment. C'eſt un double travail, d'avoir tout enſemble à éviter les ornements dont s'eſt ſaiſi celuy qui nous a prevenus, & à faire effort pour en trouver d'autres qui puiſſent tenir leur place. Depuis trente ans que Monſieur Mairet a fait admirer ſa Sopho-nisbe ſur noſtre Theatre, elle y dure encor, & il ne faut point de marque plus convaincante de ſon me-rite, que cette durée, qu'on peut nommer une ébau-che, ou plûtoſt des arrhes de l'immortalité, qu'elle aſ-ſeure à ſon illuſtre Autheur. Et certainement il faut avoüer qu'elle a des endroits inimitables, & qu'il feroit dangereux de retaſter après luy. Le de-meſlé de Scipion avec Maſſiniſſe, & les deſespoirs de ce Prince ſont de ce nombre : il eſt impoſſible de penſer rien de plus juſte, & tres difficile de l'expri-mer plus heureuſement. L'un & l'autre ſont de ſon invention, je n'y pouvois toucher ſans luy faire un larcin, & ſi j'avois eſté d'humeur à me le per-

mettre, le peu d'esperance de l'égaler me l'auroit
défendu. I'ay creu plus à propos de respecter sa
gloire & ménager la mienne, par vne scrupu-
leuse exactitude à m'écarter de sa route, pour ne
laisser aucun lieu de dire, ny que je sois demeuré
au dessous de luy, ny que j'aye pretendu m'éleuer au
dessus, puisqu'on ne peut faire aucune comparaison
entre des choses, où l'on ne voit aucune concurren-
ce. Si j'ay conservé les circonstances qu'il a chan-
gées, & changé celles qu'il a conservées, ç'a été par
le seul dessein de faire autrement, sans ambition de
faire mieux. C'est ainsi qu'en usoient nos Anciens,
qui traitoient d'ordinaire les mesmes Sujets.   La
mort de Clytemnestre en peut servir d'exemple.
Nous la voyons encor chez Aeschile, chez Sopho-
cle, & chez Euripide, tuée par son fils Oreste,
mais chacun d'eux a choisi de diverses manieres
pour arriver à cet evenement, qu'aucun des trois
n'a voulu changer, quelque cruel & dénaturé qu'il
fust, & c'est surquoy nostre Aristote en a étably le
Precepte. Cette noble & laborieuse émulation a
passé de leur Siecle jusqu'au nostre, au travers de
plus de deux mille ans qui les separent. Feu Monsieur Tristan a renouvelé Mariane & Panthée sur
les pas du deffunt sieur Hardy. Le grand éclat que
Monsieur de Scudery a donné à sa Didon n'a point
empesché que Monsieur de Bois-Robert n'en ait fait
voir une autre trois ou quatre ans après, sur une dis-

position, qui luy en avoit esté donnée, à ce qu'il disoit, par Monsieur l'Abbé d'Aubignac. A peine
la Cleopatre de Monsieur de Benserade a paru, qu'elle a été suivie du Marc-Antoine de Monsieur
Mairet, qui n'est que le mesme Sujet sous un autre
tiltre. Sa Sophonisbe mesme n'a pas été la premiere qui aye ennobly les Theatres des derniers temps.
Celle du Tricin l'avoit precedée en Italie, & celle
du sieur de Mont-chrestien en France, & je voudrois que quelqu'un se voulust diuertir à retoucher
le Cid, ou les Horaces, avec autant de retenuë pour
ma conduite & pour mes pensées, que j'en ay eu
pour celles de Monsieur Mairet.

Vous trouverez en cette Tragedie les caractères
tels que chez Tite-Liue ; vous y verrez Sophonisbe
auec le mesme attachement aux interests de son
païs, & la mesme haine pour Rome, qu'il luy attri-
buë. Ie luy prête un peu d'amour, mais elle regne
sur luy, & ne daigne l'écouter, qu'autant qu'il peut
seruir à ces passions dominantes qui regnent sur
elle, & à qui elle sacrifie toutes les tendresses de
son cœur, Massinisse, Syphax, sa propre vie. Elle
en fait son unique bonheur, & en soûtient la gloire
avec une fierté si noble & si éleuée, que Lælius
est contraint d'avoüer luy-mesme qu'elle meritoit d'estre née Romaine. Elle n'avoit point aban-
donné Syphax après deux defaites, elle étoit preste de
s'ensevelir avec luy sous les ruïnes de sa Capitale,

s'il y fuſt reuenu s'enfermer avec elle après la perte
d'une troiſiéme bataille : mais elle vouloit qu'il
mouruſt, plûtoſt que d'accepter l'ignominie des
fers & du Triomphe où le reſeruoient les Romains;
& elle avoit d'autant plus de droit d'attendre de
luy cet effort de magnanimité, qu'elle s'étoit re-
ſoluë à prendre ce party pour elle, & qu'en
Afrique c'étoit la coûtume des Rois de porter
toûjours ſur eux du poiſon tres-violent, pour s'é-
pargner la honte de tomber vivants entre les mains
de leurs ennemis. Ie ne ſçay ſi ceux qui l'ont blâ-
mée de traiter auec trop de hauteur ce malheureux
Prince après ſa diſgrace, ont aſſeZ conceu la mor-
telle horreur qu'a deu exciter en cette grande ame la
veuë de ces fers qu'il luy apporte à partager; mais
du moins ceux qui ont eu peine à ſoxffrir qu'elle euſt
deux maris vivants, ne ſe ſont pas ſouvenus que les
loix de Rome vouloient que le mariage ſe rompiſt
par la captivité. Celles de Carthage nous ſont fort
peu connuës, mais il y a lieu de preſumer, par l'e-
xemple meſme de Sophonisbe, qu'elles étoient encor plus faciles à ces ruptures. Asdrubal ſon pere
l'avoit mariée à Maſſiniſſe, avant que d'emmener
ce jeune Prince en Espagne où il commandoit les
Armées de cette Republique; & neantmoins, durant le ſejour qu'ils y firent, les Carthaginois la ma-
rierent de nouveau à Syphax, ſans uſer d'aucune
formalité, ny envers ce premier mary, ny envers ce

pere, qui demeura extrémement surpris & irrité de
l'outrage qu'ils avoient fait à sa fille & à son
gendre. C'est ainsi que mon Autheur appelle Massinisse, & c'est là dessus que je le fais se fonder icy,
pour se ressaisir de Sophonisbe sans l'authorité des
Romains, comme d'une femme qui étoit déja à
luy, & qu'il avoit épousée avant qu'elle fust à
Syphax.

   On s'est mutiné toutefois contre ces deux maris, & je m'en suis étonné d'autant plus, que l'an-
née derniere je ne m'aperceus point qu'on se scan-
dalisast de voir dans le Sertorius, Pompée mary
de deux femmes vivantes, dont l'une venoit chercher un second mary aux yeux mesme de ce premier. Ie ne vois aucune apparence d'imputer cette inégalité de sentiments à l'ignorance du Siecle,
qui ne peut avoir oublié en moins d'un an cette fa-
cilité que les Anciens avoient donnée aux Divor-
ces, dont il étoit si bien instruit alors; mais il y
auroit quelque lieu de s'en prendre à ceux, qui sça-
chant mieux la Sophonisbe de Monsieur Mairet
que celle de Tite-Live, se sont hastez de condamner
en la mienne tout ce qui n'étoit pas de leur connois-
sance, & n'ont pû faire cette reflexion que la
mort de Syphax étoit une fiction de Monsieur Mairet, dont ie ne pouvois me servir sans faire un pil-
lage sur luy, & comme un attentat sur sa gloire.
Sa Sophonisbe est à luy, c'est son bien, qu'il ne

faut pas luy envier, mais celle de Tite-Live est à
tout le monde. Le Tricin & Mont-chrestien qui
l'ont fait revivre avant nous, n'ont assassiné aucun des deux Rois, j'ay creu qu'il m'étoit permis
de n'estre pas plus cruel, & de garder la mesme fi-
delité à vne Histoire assez connuë parmy ceux qui
ont quelque teinture des Livres, pour nous con-
vier à ne la démentir pas.

    I'accorde qu'au lieu d'envoyer du poison à So-
phonisbe, Massinisse devoit soulever les Troupes
qu'il commandoit dans l'Armée, s'attaquer à la
personne de Scipion, se faire blesser par ses Gardes, &
tout percé de leurs coups venir rendre les derniers
soûpirs aux pieds de cette Princesse. C'eust été un
amant parfait, mais ce n'eust pas été Massinisse.
Que sçait-on mesme si la prudence de Scipion n'a-
voit point donné de si bons bons ordres, qu'aucun
de ces emportements ne fust en son pouvoir? Ie le
marque assez pour en faire naistre quelque pensée
en l'esprit de l'Auditeur judicieux & desinteres-
sé, dont je laisse l'imagination libre sur cet Arti-
cle. S'il aime les Heros fabuleux, il croira que Lælius & Eryxe entrant dans le Camp y trouveront
celuy-cy mort de douleur, ou de sa main. Si les
veritez luy plaisent davantage, il ne fera aucun
doute qu'il ne s'y soit consolé aussi aisément, que
l'Histoire nous en asseure. Ce que je fais dire de
son desespoir à Mezetulle, s'accommode avec l'une

& l'autre de ces idées , & je n'ay peut-estre encor
fait rien de plus adroit pour le Theatre, que de tirer le rideau sur des déplaisirs , qui devoient estre
si grands, & eurent si peu de durée.

Quoy qu'il en soit , comme je ne sçay que les Re-
gles d'Aristote , & d'Horace , & ne les sçay pas
mesme trop bien, je ne hazarde pas volontiers en
dépit d'elles ces agrémens surnaturels & miracu-
leux, qui défigurent quelquefois nos Personnages
autãt qu'ils les embellissent, & détruisent l'Histoire au lieu de la corriger. Ces grands coups de maistre passent ma portée ; je les laisse à ceux qui en
sçavent plus que moy , & j'aime mieux qu'on me
reproche d'avoir fait mes femmes trop Heroïnes,
par une ignorante & basse affectation de les faire
ressembler aux Originaux qui en sont venus jusqu'à nous, que de m'entendre loüer d'avoir effemi-
né mes Heros , par une docte & sublime complai-
sance au goust de nos delicats , qui veulent de l'a-
mour par tout , & ne permettent qu'à luy de faire
auprés d'eux la bonne ou mauvaise fortune de nos
Ouvrages.

Eryxe n'a point icy l'avantage de cette ressem-
blance , qui fait la principale perfection des por-
traits. C'est une Reine de ma façon , de qui ce Poë-
me reçoit un grand ornement , & qui pourroit
toutefois y passer en quelque sorte pour inutile, n'é-
toit qu'elle ajouste des motifs vray-semblables aux

Historiques, & fert tout enfemble d'aiguillon à
Sophonisbe pour précipiter fon mariage, & de pretexte aux Romains pour n'y point confentir. Les
protestations d'amour que femble luy faire Maßi-
niffe au commencement de leur premier entretien,
ne font qu'un Equivoque, dont le fens caché regarde
cette autre Reine. Ce qu'elle y répond fait voir
qu'elle s'y méprend la premiere, & tant d'autres
ont voulu s'y méprendre après elle, que je me fuis
creu obligé de vous en avertir.

Quand je feray joindre cette Tragedie à mes Re-
cueils, je pourray l'examiner plus au long, comme
j'ay fait les autres : cependant je vous demande
pour fa lecture un peu de cette faveur qui doit toûjours pancher du cofté de ceux qui travaillent pour
le Public, avec une attention fincere, qui vous em-
pefche d'y voir ce qui n'y eft pas, & vous y laiffe
voir tout ce que j'y fais dire.

Extrait du Priuilege du Roy.

PAR grace & Privilege donné à Paris le 4. Mars 1663. Signé par le Roy en son Conseil, OLIER. Il est permis à GVILLAVME DE LVYNE Marchand Libraire de cettedite Ville de Paris, de faire imprimer deux Pieces de Theatre des Sieurs Corneille, intitulées *La Sophonisbe*, (t) *Persée*, (t) *Demétrius*, pendant cinq années : & deffences sont faites à toutes autres personnes de quelque qualité & condition qu'ils soient, de faire imprimer, vendre ny debiter d'autres Editions que celles dudit Exposant, à peine de trois mil livres d'amende, de tous dépens, dommages & interests, comme il est plus amplement porté par lesdites Lettres.

Et ledit DE LVYNE a fait part du present Privilege à THOMAS IOLLY, & LOVIS BILLAINE, aussi Marchands Libraires à Paris, pour en joüir le temps porté par iceluy suiuant le traité fait entr'eux.

Achevé d'imprimer pour la premiere fois le 10. Avril 1663. A ROVEN, Par L. MAVRRY.

Les Exemplaires ont esté fournis.

Registré sur le Livre de la Communauté le 17. Mars 1663.

ACTEVRS.

SYPHAX, Roy de Numidie.

MASSINISSE, autre Roy de Numidie.

LÆLIVS, Lieutenant de Scipion Conful de Rome.

LEPIDE, Tribun Romain.

BOCCHAR, Lieutenant de Syphax.

MEZETVLLE, Lieutenant de Maffiniffe.

ALBIN, Centenier Romain.

SOPHONISBE, Fille d'Asdrubal General des Carthaginois, & Reine de Numidie.

ERYXE, Reine de Getulie.

HERMINIE, Dame d'honneur de Sophonisbe.

BARCEE, Dame d'honneur d'Eryxe.

PAGE de Sophonisbe.

GARDES.

La Scene eft à Cyrhe capitale du Royaûme de Syphax, dans le Palais du Roy.

SOPHO-

SOPHONISBE,
TRAGEDIE.

ACTE I.

SCENE PREMIERE.

SOPHONISBE, BOCCHAR, HERMINIE.

BOCCHAR.

MADAME, il étoit temps qu'il vous
vinſt du ſecours,
Le ſiege étoit formé s'il euſt tardé deux
jours,
Les travaux commencez alloient à force ouverte
Tracer autour des murs l'ordre de voſtre perte,
Et l'orgueil des Romains ſe promettoit l'éclat
D'aſſervir par leur priſe, & vous, & tout l'Etat,
Syphax a diſſipé par ſa ſeule preſence
De leur ambition la plus fiere eſperance ;

A

Ses troupes se montrant au lever du Soleil
Ont de vostre ruïne arrété l'appareil.
A peine une heure ou deux elles ont pris haleine,
Qu'il les range en bataille au milieu de la Plaine,
L'ennemy fait le mesme, & l'on voit des deux parts
Nos sillons herissez de piques & de dards,
Et l'une & l'autre Armée étaler mesme audace,
Egale ardeur de vaincre, & pareille menace.
L'avantage du nombre est dans nostre party ;
Ce grand feu des Romains en paroit rallenty,
Du moins de Lælius la prudence inquiete
Sur le point du combat nous envoye un Trompette,
On le méne à Syphax, à qui sans differer
De sa part il demande une heure à conferer.
Les ostages receus pour cette conference,
Au milieu des deux camps l'un & l'autre s'avance,
Et si le Ciel répond à nos communs souhaits,
Le chámp de la bataille enfantera la Paix.
  Voila ce que le Roy m'a chargé de vous dire,
Et que de tout son cœur à la Paix il aspire,
Pour ne plus perdre aucun de ces momens si doux,
Que la guerre luy vole en l'éloignant de vous.

SOPHONISBE.

Le Roy m'honore trop d'une amour si parfaite,
Dites-luy que j'aspire à la paix qu'il souháite,
Mais que je le conjure en cet illustre jour
De penser à sa gloire encor plus qu'à l'amour.

SCENE II.

SOPHONISBE, HERMINIE.

HERMINIE.

MAdame, ou j'entens mal une telle priere,
Ou vos vœux pour la Paix n'ont pas voſtré
ame entiere ;
Vous devez pourtant craindre un vainqueur irrité,

SOPHONISBE.

I'ay fait à Maſſiniſſe une infidelité :
Accepté par mon pere, & nourry dans Carthage,
Tu vis en tous les deux l'amour croiſtre avec l'aage,
Il porta dans l'Eſpagne ; & mon cœur, & ma foy,
Mais durant cette abſence on diſpoſa de moy :
I'immolay ma tendreſſe au bien de ma Patrie,
Pour luy gagner Syphax j'euſſe immolé ma vie;
Il étoit aux Romains, & je l'en détachay,
I'étois à Maſſiniſſe, & je m'en arrachay,
I'en eus de la douleur, j'en ſentis de la geſne,
Mais je ſervois Carthage, & m'en revoyois Reine,
Car afin que le change euſt pour moy quelque
appas,
Syphax de Maſſiniſſe envahit les Etats,
Et mettoit à mes pieds l'une & l'autre Couronne,
Quand l'autre étoit reduit à ſa ſeule perſonne ;
Ainſi contre Carthage, & contre ma grandeur,
Tu me vis n'écouter, ny ma foy, ny mon cœur.

HERMINIE.

Et vous ne craignez point qu'un amant ne ſe vange
S'il faut qu'en ſon pouvoir ſa victoire vous range ?

A ij

SOPHONISBE.

Nous vaincrons, Herminie, & nos Destins jaloux
Voudront faire à leur tour quelque chose pour nous,
Mais si de ce Heros je tombe en la puissance,
Peut-estre aura-t'il peine à suivre sa vangeance,
Et que ce mesme amour qu'il m'a plû de trahir
Ne se trahira pas jusques à me haïr.
　Iamais à ce qu'on aime on n'impute d'offense,
Quelque doux souvenir prend toûjours sa défense,
L'amant excuse, oublie, & son ressentiment
A toûjours malgré luy quelque chose d'amant.
Ie sçay qu'il peut s'aigrir quand il voit qu'on le
　　quitte
Par l'estime qu'on prend pour un autre merite,
Mais lors qu'on luy préfere un Prince à cheveux gris,
Ce choix fait sans amour est pour luy sans mépris,
Et l'ordre ambitieux d'un Hymen Politique
N'a rien que ne pardonne un courage heroïque,
Luy-mesme il s'en console, & trompe sa douleur
A croire que la main n'a point donné le cœur.
　I'ay donc peu de sujet de craindre Massinisse,
I'en ay peu de vouloir que la guerre finisse,
I'espere en la victoire, ou du moins en l'appuy
Que son reste d'amour me sçaura faire en luy :
Mais le reste du mien plus fort qu'on ne présume
Trouvera dans la Paix une prompte amertume,
Et d'un chagrin secret la sombre & dure loy
M'y fait voir des malheurs qui ne sont que pour
　　moy.

HERMINIE.

I'ay peine à concevoir que le Ciel vous envoye
Des sujets de chagrin dans la commune joye,
Et par quel interest un tel reste d'amour
Vous fera des malheurs en ce bien-heureux jour.

SOPHONISBE.

Ce reste ne va point à regretter sa perte
Dont je prendrois encor l'occasion offerte,
Mais il est assez fort pour devenir jaloux
De celle dont la Paix le doit faire l'époux.
Eryxe, ma captive, Eryxe, cette Reine
Qui des Getuliens nasquit la Souveraine,
Eut aussi-bien que moy des yeux pour ses vertus,
Et trouva de la gloire à choisir mon refus.
Ce fut pour empescher ce fascheux Hymenée
Que Syphax fit la guerre à cette infortunée,
La surprit dans sa ville, & fit en ma faveur
Ce qu'il n'entreprenoit que pour vanger sa sœur ;
Car tu sçais qu'il l'offrit à ce genereux Prince,
Et luy voulut pour dot remettre sa Province.

HERMINIE.

Ie comprens encor moins que vous peut importer
A laquelle des deux il daigne s'arréter.
Ce fut, s'il m'en souvient, vostre priere expresse,
Qui luy fit par Syphax offrir cette Princesse,
Et je ne puis trouver matiere à vos douleurs
Dans la perte d'un cœur que vous donniez ailleurs.

SOPHONISBE.

Ie le donnois, ce cœur, où ma rivale aspire,
Ce don, s'il l'eust souffert, eust marqué mon empire,
Eust montré qu'un amant si mal-traité par moy
Prenoit encor plaisir à recevoir ma loy.
Après m'avoir perduë il auroit fait connoistre
Qu'il vouloit m'estre encor tout ce qu'il pouvoit
    m'estre,
Se r'attacher à moy par les liens du sang,
Et tenir de ma main la splendeur de son rang.
Mais s'il épouse Eryxe, il montre un cœur rebelle,
Qui me neglige autant qu'il veut brusler pour elle,

Qui brise tous mes fers , & brave hautement
L'éclat de sa disgrace , & de mon changement.

HERMINIE.

Certes , si je l'osois , je nommerois caprice
Ce trouble ingenieux à vous faire un supplice,
Et l'obstination des soucis superflus
Dont vous gesne ce cœur quand vous n'en voulez
　　plus.

SOPHONISBE.

Ah , que de nostre orgueil tu sçais mal la foiblesse,
Quand tu veux que son choix n'ait rien qui m'inte-
　　resse !
Des cœurs que la vertu renonce à posseder
La conqueste toûjours semble douce à garder.
Sa rigueur n'a jamais de dehors si severe
Que leur perte au dedans ne luy devienne amere,
Et de quelque façon qu'elle nous fasse agir,
Vn esclave échapé nous fait toûjours rougir.
Qui rejette un beau feu n'aime point qu'on l'éteigne,
On se plaist à regner sur ce que l'on dédaigne,
Et l'on ne s'applaudit d'un illustre refus,
Qu'alors qu'on est aimée après qu'on n'aime plus.
Ie veux donc, s'il se peut, que l'heureux Massiniste
Prenne tout autre Hymen pour un affreux supplice,
Qu'il m'adore en secret , qu'aucune nouveauté
N'ose se consoler de ma déloyauté,
Ne pouvant estre à moy, qu'il ne soit à personne,
Ou qu'il souffre du moins que mon seul choix le don-
Ie veux penser encor que j'en puis disposer,　　(ne.
Et c'est dequoy la Paix me va desabuser ;
Iuge si j'auray lieu d'en estre satisfaite,
Et par ce que je crains voy ce que je souhaite.
　Mais Eryxe déja commence mon malheur,
Et me vient par sa joye avancer ma douleur.

SCENE III.

SOPHONISBE, ERYXE, HERMINIE, BARCEE.

ERYXE.

MAdame, une captive oseroit-elle prendre
Quelque part au bonheur que l'on nous vient
d'apprendre?

SOPHONISBE.

Le bonheur n'est pas grand tant qu'il est incer-
tain.

ERYXE.

On me dit que le Roy tient la Paix en sa main,
Et je n'ose douter qu'il ne l'ait resoluë.

SOPHONISBE.

Pour estre proposée, elle n'est pas concluë,
Et les grands interests qu'il y faut ajuster
Demandent plus d'une heure à les bien concerter.

ERYXE.

Alors que des deux Chefs la volonté conspire...

SOPHONISBE.

Que sert la volonté d'un Chef qu'on peut dédire ?
Il faut l'aveu de Rome, & que d'autre costé
Le Senat de Carthage accepte le Traité.

ERYXE.

Lælius le propose, & l'on ne doit pas croire
Qu'au desaveu de Rome il hazarde sa gloire.
Quant à vostre Senat, le Roy n'en dépend point.

SOPHONISBE.

Le Roy n'a pas une ame infidelle à ce point,

Il sçait à quoy l'honneur, à quoy sa foy l'engage,
Et je l'en dédirois s'il traitoit sans Carthage.

ERYXE.

On ne m'avoit pas dit qu'il falluft voftre aveu.

SOPHONISBE.

Qu'on vous l'ait dit ou non, il m'importe affez peu.

ERYXE.

Ie le croy, mais enfin, donnez voftre fuffrage,
Et je vous répondray de celuy de Carthage.

SOPHONISBE.

Avez-vous en ces lieux quelque commerce ?

ERYXE.

Aucun.

SOPHONISBE.

D'où le fçavez-vous donc ?

ERYXE.

D'un peu de fens commun.
On y doit eftre las de perdre des batailles,
Et d'avoir à trembler pour fes propres murailles.

SOPHONISBE.

Rome nous auroit donc appris l'art de trembler !
Annibal...

ERYXE.

Annibal a penfé l'accablér,
Mais ce temps-là n'eft plus, & la valeur d'un hôme...

SOPHONISBE.

On ne voit point d'icy ce qui fe paffe à Rome.
En ce mefme moment peut-eftre qu'Annibal
Luy fait tout de nouveau craindre un affaut fatal,
Et que c'eft pour fortir enfin de ces alarmes
Qu'elle nous fait parler de mettre bas les armes.

ERYXE.

Ce feroit pour Carthage un bonheur fignalé ;
Mais, Madame, les Dieux vous l'ont-ils revelé ?

A moins que de leur voix, l'ame la plus crédule
D'un miracle pareil feroit quelque fcrupule.

SOPHONISBE.

Des miracles pareils arrivent quelquefois,
I'ay veu Rome en état de tomber fous nos loix,
La guerre eft journaliere, & fa viciffitude
Laiffe tout l'avenir dedans l'incertitude.

ERYXE.

Le paffé le prépare, & le foldat vainqueur
Porte aux nouveaux combats plus de force, & de
  cœur.

SOPHONISBE.

Et fi j'en étois creuë, on auroit le courage
De ne rien écouter fur ce defavantage,
Et d'attendre un fuccès hautement emporté,
Qui remift noftre gloire en plus d'égalité.

ERYXE.

On pourroit fort attendre.

SOPHONISBE.

Et durant cette attente
Vous pourriez n'avoir pas l'ame la plus contente.

ERYXE.

I'ay déja grand chagrin de voir que de vos mains
Mon Sceptre a fceu paffer en celles des Romains,
Et qu'aujourd'huy, de l'air dont s'y prend Maffiniffe,
Le voftre a grand befoin que la Paix l'affermiffe.

SOPHONISBE.

Quand de pareils chagrins voudront paroiftre au
  jour,
Si l'honneur vous eft cher cachez tout voftre amour,
Et voyez à quel point voftre gloire eft fleftrie
D'aimer un ennemy de fa propre Patrie,
Qui fert des Etrangers, dont par un jufte accord
Il pouvoit nous aider à repouffer l'effort.

ERYXE.

Dépoüillé par voftre ordre, ou par voftre artifice,
Il fert vos ennemis pour s'en faire juftice,
Mais fi de les fervir il doit eftre honteux,
Syphax fert comme luy des Etrangers comme eux.
Si nous les voulions tous bannir de noftre Afrique,
Il faudroit commencer par voftre Republique,
Et renvoyer à Tyr d'où vous étes fortis,
Ceux par qui nôs Climats font presque affujettis.
    Nous avons lieu d'avoir pareille jaloufie
Des peuples de l'Europe, & de ceux de l'Afie,
Ou fi le temps a pû vous naturalifer,
Le mefme cours du temps les peut favorifer.
I'ofe vous dire plus. Si le Deftin s'obftine
A vouloir qu'en ces lieux leur victoire domine,
Comme vos Tyriens paffent pour Africains,
Au milieu de l'Afrique il naiftra des Romains,
Et fi de ce qu'on voit nous croyons le prefage,
Il en pourra bien naiftre au milieu de Carthage,
Pour qui noftre amitié n'aura rien de honteux,
Et qui fçauront paffer pour Africains comme
    eux.

SOPHONISBE.

Vous parlez un peu haut.

ERYXE.

                    Ie fuis amante, & Reine.

SOPHONISBE.

Et captive de plus.

ERYXE.

                    On va brifer ma chaifne,
Et la captivité ne peut abatre un cœur
Qui fe voit affeuré de celuy du vainqueur,
Il eft tel dans vos fers que fous mon Diadême.
N'outragez plus ce Prince, il a ma foy, ie l'aime,

J'ay la sienne, & j'en sçay soûtenir l'interest.

Du reste, si la Paix vous plaist, ou vous déplaist,
Ce n'est pas mon dessein d'en penetrer la cause,
La bataille & la Paix sont pour moy mesme chose,
L'une ou l'autre aujourd'huy finira mes ennuis,
Mais l'une vous peut mettre en l'état où je suis.

SOPHONISBE.

Ie pardonne au chagrin d'un si long esclavage,
Qui peut avec raison vous aigrir le courage,
Et voudrois vous servir malgré ce grand couroux.

ERYXE.

Craignez que je ne puisse en dire autant de vous.
Mais le Roy vient, Adieu, je n'ay pas l'imprudence
De m'offrir pour troisiéme à vostre conference;
Et d'ailleurs, s'il vous vient demander vostre aveu,
Soit qu'il l'obtienne ou non, il m'importe fort peu.

SCENE IV.

SYPHAX, SOPHONISBE, HERMINIE, BOCCHAR.

SOPHONISBE.

ET bien, Seigneur, la Paix, l'avez-vous resoluë?

SYPHAX.

Vous en étes encor la maîtresse absoluë,
Madame, & je n'ay pris tréve pour vn moment
Qu'afin de tout remettre à vostre sentiment.
On m'offre le plein calme, on m'offre de me
  rendre
Ce que dans mes Etats la guerre a fait surprendre,
L'amitié des Romains que pour vous j'ay trahis,

SOPHONISBE.

Et que vous offre-t'on Seigneur, pour mon païs?

SYPHAX.

Loin d'exiger de moy que j'y porte mes armes,
On me laisse aujourd'huy tout entier à vos charmes,
On demande que neutre en ces dissentions
Ie laisse aller le sort de vos deux Nations.

SOPHONISBE.

Et ne pourroit-on point vous en faire l'arbitre?

SYPHAX.

Le Ciel sembloit m'offrir vn si glorieux tître,
Alors qu'on vit dans Cyrthe entrer d'un pas égal
D'un costé Scipion, & de l'autre Asdrubal.
Ie vis ces deux Heros jaloux de mon suffrage
Le briguer, l'un pour Rome, & l'autre pour Cartage,
Ie les vis à ma table & sur vn mesme lit,
Et comme amy commun j'auois eu tout credit.
Vostre beauté, Madame, emporta la balance,
De Cartage pour vous j'embrassay l'alliance,
Et comme on ne veut point d'arbitre interessé
C'est beaucoup aux vainqueurs d'oublier le passé.
En l'état où je suis, deux batailles perduës,
Mes villes, la plus-part, surprises, ou renduës,
Mon Royaume d'argent & d'hommes affoibly,
C'est beaucoup de me voir tout d'un coup rétably.
Ie reçoy sans combat le prix de la victoire,
Ie rentre sans peril en ma premiere gloire,
Et ce qui plus que tout a lieu de m'estre doux,
Il m'est permis en fin de vivre auprès de vous.

SOPHONISBE.

Quoy que vous resolviez, c'est à moy d'y souscrire.
I'oseray toutefois m'enhardir à vous dire
Qu'auec plus de plaisir ie verrois ce Traité,
Si j'y voyois pour vous, ou gloire, ou seureté.

Mais,

Mais, Seigneur, m'aimez-vous encor?

SYPHAX.

Si je vous aime?

SOPHONISBE.

Ouy, m'aimez-vous encor, Seigneur?

SYPHAX.

Plus que moy-mesme,

SOPHONISBE.

Si mon amour égal rend vos jours fortunez,
Vous souvient-il encor de qui vous le tenez?

SYPHAX.

De vos bontez, Madame.

SOPHONISBE.

Ah ! cessez je vous prie
De faire en ma faveur outrage à ma Patrie:
Vn autre avoit le choix de mon pere & le mien,
Elle seule pour vous rompit ce doux lien,
Ie bruslois d'un beau feu, je promis de l'éteindre,
I'ay tenu ma parole, & i'ay sceu m'y contraindre,
Mais vous ne tenez pas, Seigneur, à vos amis
Ce qu'acceptant leur don vous leur avez promis,
Et pour ne pas user vers vous d'un mot trop rude,
Vous montrez pour Carthage vn peu d'ingratitude.

Quoy?vous,qui luy devez ce bó-heur de vos jours,
Vous, que mon hymenée engage à son secours,
Vous,que vostre serment attache à sa défense,
Vous manquez de parole & de reconnoissance,
Et pour remercîment de me voir en vos mains
Vous la livrez vous mesme en celles des Romains,
Vous brisez le pouvoir dont vous m'avez receuë,
Et je seray le prix d'une amitié rompuë!
Moy, qui pour en étreindre à jamais les grands
        nœuds
Ay d'un amour si juste éteint les plus beaux feux!

B

Moy, que vous protestez d'aimer plus que vous-
    mesme!
Ah, Seigneur, le diray-je? est-ce ainsi que l'on m'aime?
SYPHAX.
Si vous m'aimiez, Madame, il vous seroit bien doux
De voir comme je veux ne vous devoir qu'à vous,
Vous ne vous plairiez pas à montrer dans vostre ame
Les restes odieux d'une premiere flame,
D'un amour, dont l'Hymen qu'on a veu nous unir
Devroit avoir éteint jusques au souvenir.
Vantez-moy vos appas, montrez avec courage
Ce prix imperieux dont m'achete Carthage,
Avec tant de hauteur prenez son interest,
Qu'il me faille en esclave agir comme il luy plaist,
Au moindre soin des miens traitez-moy d'infidelle,
Et ne me permettez de regner que sous elle:
Mais épargnez ce côble aux malheurs que je crains,
D'entendre aussi vanter ces beaux feux mal éteints,
Et de vous en voir l'ame encor toute obsedée,
En ma presence mesme en caresser l'idée.
SOPHONISBE.
Ie m'en souviens, Seigneur, lors que vous oubliez
Quels vœux mon changement vous a sacrifiez,
Et sçauray l'oublier, quand vous ferez justice
A ceux qui vous ont fait un si grand sacrifice.
    Au reste, pour ouvrir tout mon cœur avec vous,
Ie n'aime point Carthage à l'égal d'un époux,
Mais bien que moins soûmise à son Destin qu'au
    vostre,
Ie crains également & pour l'un & pour l'autre,
Et ce que je vous suis ne sçauroit empescher
Que le plus malheureux ne me soit le plus cher.
    Ioüissez de la Paix qui vous vient d'estre offerte,
Tandis que j'iray plaindre & partager sa perte,

I'y mourray fans regret, fi mon dernier moment
Vous laiffé en quelque érat de regner feurement.
Mais Carthage détruite, avec quelle apparence
Oferez-vous garder cette fauffe esperance ?
Rome qui vous redoute & vous flate aujourdhuy,
Vous craindra-t'elle encor vous voyant fans appuy,
Elle qui de la Paix ne jette les amorces
Que par le feul befoin de feparer vos forces,
Et qui dans Maffiniffe, & voifin, & jaloux,
Aura toûjours dequoy fe brouiller avec vous ?
Tous deux vous devront tout, Carthage abandon-
née
Vaut pour l'un & pour l'autre une grande journée,
Mais un esprit aigry n'eft jamais fatisfait,
Qu'il n'ait vangé l'injure en dépit du bien-fait.
Penfez-y. Voftre Armée eft la plus forte en nombre,
Les Romains ont tremblé dès qu'il en ont veu l'om-
bre,
Vtique à l'affieger retieht leur Scipion,
Vn temps bien pris peut tout, preffez l'occafion.
De ce Chef éloigné la valeur peu commune
Peut-eftre à fa perfonne attache leur fortune,
Il tient auprès de luy la fleur de leurs Soldats.
En tout évenement Cyrthe vous tend les bras,
Vous tiendrez, & long-temps, dedans cette retraite;
Mon pere cependant repare fa défaite,
Hannon a de l'Espagne amené du fecours,
Annibal vient luy mefme icy dans peu de jours.
Si tout cela vous femble un leger avantage,
Renvoyez-moy, Seigneur, me perdre avec Carthage,
I'y periray fans vous, vous regnerez fans moy.
Vous préferve le Ciel de ce que je prévoy,
Et daigne fon couroux, me prenant feule en butte,
M'exempter par ma mort de pleurer voftre cheute.

SYPHAX.

A des charmes si forts joindre celuy des pleurs!
Soulever contre moy ma gloire & vos douleurs!
C'est trop, c'est trop, Madame, il faut vous satisfaire,
Le plus grand des malheurs seroit de vous déplaire,
Et tous mes sentiments veulent bien se trahir
A la douceur de vaincre, ou de vous obe'ïr.
La Paix eust sur ma teste asseuré ma couronne,
Il faut la refuser, Sophonisbe l'ordonne,
Il faut servir Carthage & hazarder l'Etat,
Mais que deviendrez-vous si je meurs au combat?
Qui sera vostre appuy si le sort des batailles
Vous réd un corps sans vie au pied de nos murailles?

SOPHONISBE.

Ie vous répondrois bien qu'après vostre trépas
Ce que je deviendray ne vous regarde pas,
Mais j'aime mieux, Seigneur, pour vous tirer de
    peine,
Vous dire que je sçay vivre & mourir en Reine.

SYPHAX.

N'en parlons plus, Madame. Adieu, pensez à moy,
Et je sçauray pour vous vaincre ou mourir en Roy.

Fin du premier Acte.

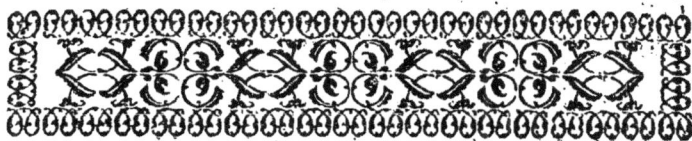

ACTE II.

SCENE PREMIERE.

ERYXE, BARCEE.

ERYXE.

QVEL defordre, Barcée, ou plûtoft quel
    supplice
M'apreftoit la victoire à reuoir Maffi-
    niffe,
Et que de mon Deftin l'obfcure trahifon
Sur mes fouhaits remplis a verfé de poifon !
Syphax eft prifonnier, Cyrrhe toute éperduë
A ce trifte fpectacle auffi-toft s'eft renduë,
Sophonisbe en dépit de toute fa fierté
Va gemir à fon tour dans la captivité,
Le Ciel finit la mienne , & je n'ay plus de chaifnes
Que celles qu'avec gloire on voit porter aux Reines;
Et lors qu'aux mefmes fers je croy voir mon vain-
    queur,
Ie doute en le voyant fi j'ay part en fon cœur.
  En vain l'impatience à le chercher m'emporte,
En vain de ce Palais je cours jufqu'à la porte,
Et m'ofe figurer en cet heureux moment
Sa flame impatiente & forte également,

Ie l'ay veu, mais surpris, mais troublé de ma veuë,
Il n'étoit point luy-mesme alors qu'il m'a receuë,
Et ses yeux égarez marquoient un embarras
A faire assez juger qu'il ne me cherchoit pas.
I'ay vanté sa victoire, & je me suis flatée
Iusqu'à m'imaginer que j'étois écoutée,
Mais quand pour me répondre il s'est fait un effort,
Son compliment au mien n'a point eu de rapport,
Et j'ay trop veu par là qu'un si profond silence
Attachoit sa pensée ailleurs qu'à ma presence,
Et que l'emportement d'un entretien secret
Sous un front attentif cachoit l'esprit distrait.

BARCEE.

Les soins d'un conquerant vous donnent trop d'a-
　　larmes.
C'est peu que devât luy Cyrthe ait mis bas les armes,
Qu'elle se soit renduë, & qu'un commun effroy
L'ait fait à tout son Peuple accepter pour son Roy.
Il luy faut s'asseurer des Places, & des Portes,
Pour en demeurer maistre y poster ses Cohortes;
Ce devoir se prefere aux soucis les plus doux,
Et s'il en étoit quitte, il seroit tout à vous.

ERYXE.

Il me l'a dit luy-mesme alors qu'il m'a quittée,
Mais j'ay trop veu d'ailleurs son ame inquietée,
Et de quelqne couleur que tu couvres ses soins,
Sa nouvelle conqueste en occupe le moins.
Sophonisbe en un mot, & captive, & pleurante,
L'emporte sur Eryxe, & Reine, & triomphante,
Et si je m'en rapporte à l'accueil different,
Sa disgrace peut plus qu'un Sceptre qu'on me
　　rend.
　　Tu l'as pû remarquer. Du moment qu'il l'a veuë,
Ses troubles ont cessé, sa joye est revenuë,

Ces charmes à Carthage autrefois adorez
Ont soudain reüny ses regards égarez.
Tu l'as veuë étonnée, & tout ensemble altiéré,
Luy demander l'honneur d'estre sa prisonniere,
Le prier fiérement qu'elle pûst en ses mains
Eviter le triomphe & les fers des Romains.
Son orgueil que ses pleurs sembloient vouloir dédire
Trouvoit l'art en pleurant d'augmenter son empire,
Et seure du succès dont cet art répondoit,
Elle prioit bien moins quelle ne commandoit.
Aussi sans balancer il a donné parole
Qu'elle ne seroit point traisnée au Capitole,
Qu'il en sçauroit trouver un moyen asseuré,
En luy tendant la main sur l'heure il l'a juré,
Et n'eust pas borné là son ardeur renaissante,
Mais il s'est souvenu qu'enfin j'étois presente,
Et les ordres qu'aux siens il avoit à donner
Ont servy de pretexte à nous abandonner.
    Que dy-je ? pour moy seule, affectant cette suite
Iusqu'au fond du Palais des yeux il l'a conduite,
Et si tu t'en souviens, j'ay toûjours soupçonné
Que cet amour jamais ne fut déraciné.
Chez moy, dans Hyarbée, où le mien trop facile
Prêtoit à sa déroute un favorable azyle,
Détrosné, vagabond, & sans appuy que moy,
Quand j'ay voulu parler contre ce cœur sans foy,
Et qu'à cette infidelle imputant sa misere
l'ay creu surprendre un mot de haine, ou de colere,
Iamais son feu secret n'a manqué de détours
Pour me forcer moy-mesme à changer de discours,
Ou si ie m'obstinois à le faire répondre
l'en tirois pour tout fruit dequoy mieux me confon-
Et je n'en arrachois que de profonds helas,   (dre,
Et qu'enfin son amour ne la meritoit pas.

Iuge par ces soûpirs que produisoit l'absence
Ce qu'à leur entreveuë a produit la presence.

BARCE'E.

Elle a produit sans doute un effet de pitié,
Où se mesle peut-estre une ombre d'amitié.
Vous sçavez qu'un cœur noble, & vraiment magna-
    nime,
Quand il bannit l'amour, aime à garder l'estime,
Et que bien qu'offensé par le choix d'un mary,
Il n'insulte jamais à ce qu'il a chery.
Mais quand bien vous auriez tout lieu de vous en
    plaindre,   (dre,
Sophonisbe après tout n'est point pour vous à crain-
Eust-elle tout son cœur, elle l'auroit en vain,
Puisqu'elle est hors d'état de recevoir sa main.
Il vous la doit, Madame.

ERYXE.

                    Il me la doit, Barcée,
Mais que sert une main par le devoir forcée,
Et qu'en auroit le don pour moy de précieux
S'il faut que son esclave ait son cœur à mes yeux?
    Ie sçay bien que des Rois la fiére Destinée
Souffre peu que l'amour regle leur Hymenée,
Et que leur union souvent pour leur malheur
N'est que du Sceptre au Sceptre, & non du cœur au
    cœur:
Mais je suis au dessus de cette erreur commune,
J'aime en luy sa personne autant que sa fortune,
Et je n'en exigeay qu'il reprist ses Etats,
Que de peur que mon Peuple en fist trop peu de cas.
Des actions des Rois ce temeraire arbitre
Dédaigne insolemment ceux qui n'ont que le tître,
Iamais d'un Roy sans trosne il n'eust souffert la loy,
Et ce mépris peut-estre eust passé jusqu'à moy.

Il falloit qu'il luy vist sa couronne à la teste,
Et que ma main devinst sa derniere conqueste,
Si nous voulions regner avec l'authorité
Que le juste respect doit à la Dignité.

    Ï'aime donc, Massinisse, & je pretens qu'il m'aime,
Ie l'adore, & je veux qu'il m'adore de mesme,
Et pour moy son hymen seroit un long ennuy,
S'il n'étoit tout à moy, comme moy toute à luy.
Ne t'étonne donc point de cette jalousie
Dont à ce froid abord mon ame s'est saisie,
Laisse-la moy souffrir sans me la reprocher,
Sers-la, si tu le peux, & m'aide à la cacher.
Pour juste aux yeux de tous qu'en puisse estre la
    cause,
Vne femme jalouse à cent mépris s'expose,
Plus elle fait de bruit, moins on en fait d'état,
Et jamais ses soupçons n'ont qu'un honteux éclat,
Ie veux donner aux miens une route diverse,
A ces amants suspects laisser libre commerce,
D'un œil indifferent en regarder le cours,
Fuir toute occasion de troubler leur discours,
Et d'un Hymen douteux éviter le supplice
Tant que je douteray du cœur de Massinisse.
Le voicy, nous verrons par son empressement
Si je me suis trompée en ce pressentiment.

SCENE II.

MASSINISSE, ERYXE, BARCEE, MEZETVLLE.

MASSINISSE.

ENfin maiftre abfolu des murs & de la ville
Ie puis vous rapporter un efprit plus tranquille,
Madame, & voir ceder en ce refte du jour
Les foins de la victoire aux douceurs de l'amour.
Ie n'aurois plus de lieu d'aucune inquietude,
N'étoit que je ne puis fortir d'ingratitude,
Et que dans mon bonheur il n'eft pas bien en moy
De m'acquiter jamais de ce que je vous doy.
Les forces qu'en mes mains vos bôtez ont remifes
Vous ont laiffée en proye à de lafches furprifes,
Et me rendoient ailleurs ce qu'on m'avoit ofté,
Tandis qu'on vous oftoit, & Sceptre, & liberté.
Ma premiere victoire a fait voftre efclavage,
Celle-cy qui le brife eft encor voftre ouvrage,
Mes bons deftins par vous ont eu tout leur effet,
Et je fuis feulement ce que vous m'avez fait.
Que peut donc tout l'effort de ma reconnoiffance,
Lors que je tiens de vous ma gloire, & ma puiffance,
Et que vous puis-je offrir que voftre propre bien,
Quand je vous offriray voftre Sceptre & le mien ?

ERYXE.

Quoy qu'on puiffe devoir, aifément on s'acquite,
Seigneur, quand on fe donne avec tant de merite :
C'eft un rare prefent qu'un veritable Roy,
Qu'a rendu fa victoire enfin digne de moy.

Si dans quelques malheurs pour vous je suis tombée,
Nous pourrons en parler un jour dans Hyarbée,
Lors qu'on nous y verra dans un rang souverain,
La couronne à la teste, & le sceptre à la main.
Icy nous ne sçavons encor ce que nous sommes,
Ie tiens tout fort douteux tant qu'il dépend des
        hommes,
Et n'ose m'asseurer que nos amis jaloux
Consentent l'union de deux trosnes en nous.
Ce qu'avec leurs Heros vous ayez de pratique
Vous a dû mieux qu'à moy montrer leur Politique,
Ie ne vous en dis rien. Vn soucy plus pressant,
Et si je l'ose dire, assez embarassant,
Où mesme ainsi que vous la pitié m'interesse,
Vous doit inquieter touchant vostre promesse.
Desrober Sophonisbe au pouvoir des Romains,
C'est un penible ouvrage, & digne de vos mains.
Vous devez y penser.

MASSINISSE.

              Vn peu trop temeraire
Peut-estre ay-je promis plus que je ne puis faire,
Les pleurs de Sophonisbe ont surpris ma raison,
L'opprobre du triomphe est pour elle un poison,
Et j'ay creu que le Ciel l'avoit assez punie,
Sans la livrer moy-mesme à tant d'ignominie.
Madame, il est bien dur de voir deshonorer
L'Autel où tant de fois on s'est plû d'adorer,
Et l'ame ouverte aux biens que le Ciel luy renvoye
Ne peut rien refuser dans ce comblé de joye.
Mais quoy que ma promesse ait de difficultez,
L'effet en est aisé si vous y consentez.

ERYXE.

Si j'y consens ! bien plus, Seigneur, je vous en prie;
Voyez s'il faut agir de force, ou d'industrie,

Et concertez ensemble en toute liberté
Ce que dans vostre esprit vous avez projetté,
Elle vous cherche exprès.

SCENE III.

MASSINISSE, ERYXE, SOPHONISBE, BARCEE, HERMINIE.

ERYXE.

Tout a changé de face,
Madame, & les Destins vous ont mise en ma place,
Vous me deviez servir malgré tout mon couroux,
Et je fais à present mesme chose pour vous;
Ie vous l'avois promis, & je vous tiens parole.

SOPHONISBE.

Ie vous suis obligée, & ce qui m'en console,
C'est que tout peut changer une seconde fois,
Et je vous rendray lors tout ce que je vous dois.

ERYXE.

Si le Ciel jusques-là vous en laisse incapable,
Vous pourrez quelque temps estre ma redevable,
Non tant d'avoir parlé, d'avoir prié pour vous,
Comme de vous ceder un entretien si doux.
Voyez si c'est vous rendre un fort méchant office,
Que vous abandonner le Prince Massinisse.

SOPHONISBE.

Ce n'est pas mon dessein de vous le desrober.

ERYXE.

Peut-estre en ce dessein pourriez-vous succomber.
Mais,

Mais , Seigneur , quel qu'il foit , je n'y mets point
    d'obstacles,
Vn Heros, comme un Dieu,peut faire des miracles,
Et s'il faut mon aveu pour en venir à bout,
Soyez feur de nouveau que je confens à tout.
Adieu.

***

SCENE IV.

MASSINISSE, SOPHONISBE, HERMINIE , MEZETVLLE.

SOPHONISBE.

Pardonnez-vous à cette inquietude
Que fait de mon destin la triste incertitude,
Seigneur , & cét espoir que vous m'avez donné
Vous fera-t'il aimer d'en estre importuné ?
   Ie fuis Carthaginoife , & d'un fang que vous
    mefme
N'avez que trop jugé digne du Diadefme;
Iugez par là l'excès de ma confufion,
A me voir attachée au char de Scipion,
Et fi ce qu'entre nous on vit d'intelligence
Ne vous convaincra point d'une indigne vangeâce,
Si vous écoutez plus de vieux reffentimens,
Que le facré respect de vos derniers fermens.
   Ie fus ambitieufe, inconstante, parjure,
Plus vôtre amour fut grand , plus grande en est l'in-
    jure :
Mais plus il a paru, plus il vous fait de loix
Pour défendre l'honneur de voftre premier choix,

Et plus l'injure est grande,& dautant mieux éclate
La generosité de servir une ingrate,
Que vôtre bras luy-mesme a mise hors d'état
D'en pouvoir dignement reconnoître l'éclat.

MASSINISSE.

Ah, si vous m'en devez quelque reconnoissance,
Cessez de vous en faire une fausse impuissance :
De quelque dur revers que vous sentiez les coups,
Vous pouvez plus pour moy, que je ne puis pour
          vous.
Ie dis plus , je ne puis pour vous aucune chose,
A moins qu'à m'y servir ce revers vous dispose.
I'ay promis , mais sans vous j'auray promis en vain,
I'ay juré , mais l'effet dépend de vôtre main,
Autre qu'elle en ces lieux ne peut briser vos chaînes;
En un mot , le triomphe est un supplice aux Reines,
La femme du vaincu ne le peut éviter;
Mais celle du vainqueur n'a rien à redouter.
De l'une il est aisé que vous deveniez l'autre,
Vostre main par mon sort peut relever le vostre ;
Mais vous n'avez qu'une heure , ou plûtost qu'un
          moment,
Pour resoudre vôstre ame à ce grand changement.
Demain Lælius entre , & je ne suis plus maistre,
Et quelque amour en moy que vous voyiez renaître,
Quelques charmes en vous qui puissent me rauir,
Ie ne puis que vous plaindre , & non pas vous servir.
C'est vous parler sans doute avec trop de franchise,
Mais le peril...

SOPHONISBE.
          De grace , excusez ma surprise.
Syphax encor vivant, voulez-vous qu'aujourd'huy..?

MASSINISSE.
Vous me fustes promise auparavant qu'à luy,

Et cette foy donnée & receuë à Carthage,
Quand vous voudrez m'aimer, d'avec luy vous dé-
  gage.
Si de voftre perfonne il s'éft veu poffeffeur,
Il en fut moins l'époux, que l'heureux raviffeur,
Et fa captivité qui rompt cet Hymenée
Laiffe voftre main libre, & la fienne enchaifnée.
  Rendez-vous à vous-mefme, & s'il vous peut venir
De noftre amour paffé quelque doux fouvenir,
Si ce doux fouvenir peut avoir quelque force....
              SOPHONISBE.
Quoy, vous pourriez m'aimer après un tel divorce,
Seigneur, & recevoir de ma legereté
Ce que vous déroba tant d'infidelité ?
              MASSINISSE.
N'attendez point, Madame, icy que je vous die
Que je ne vous impute aucune perfidie,
Que mon peu de merite & mon trop de malheur
Ont feuls forcé Carthage à forcer voftre cœur,
Que voftre changement n'éteignit point ma flame,
Qu'il ne vous ofta point l'empire de mon ame,
Et que fi j'ay porté la guerre en vos Etats,
Vous étiez la conquefte où prétendoit mon bras.
Quand le temps eft trop cher pour le perdre en pa-
  roles,
Toutes ces veritez font des difcours frivoles,
Il faut ménager mieux ce moment de pouvoir :
Demain Lælius entre, il le peut dès ce foir,
Avant fon arrivée affeurez voftre Empire,
Ie vous aime, Madame, & c'eft affez vous dire.
  Ie n'examine point quels fentimens pour moy
Me rendront les effets d'une premiere foy ;
Que voftre ambition, que voftre amour choififfe,
L'opprobre eft d'un cofté, de l'autre Maffiniffe,
                              C ij

Il faut aller à Rome , ou me donner la main,
Ce grand choix ne fe peut differer à demain,
Le peril preffe autant que mon impatience,
Et quoy que mes fuccès m'offrent de confiance,
Avec tout mon amour je ne puis rien pour vous,
Si demain Rome en moy ne trouve voftre époux.

SOPHONISBE.

Il faut donc qu'à mon tour je parle avec franchife,
Puisqu'un peril fi grand ne veut point de remife.
L'Hymen que vous m'offrez peut rallumer mes feux,
Et pour brifer mes fers rompre tous autres nœuds:
Mais avant qu'il vous rende à voftre prifonniere,
Ie veux que vous voyiez fon ame toute entiere,
Et ne puiffiez un jour vous plaindre avec fujet,
De n'avoir pas bien veu ce que vous aurez fait.
   Quand j'époufay Syphax , je n'y fus point forcée,
De quelques traits pour vous que l'amour m'euft
      bleffée,
Ie vous quittay fans peine , & to us mes vœux trahis
Cederent avec joye au bien de mon Païs.
En un mot, j'ay receu du Ciel pour mon partage
L'averfion de Rome , & l'amour de Carthage.
Vous aimez Lælius , vous aimez Scipion,
Vous avez lieu d'aimer toute leur Nation,
Aimez-la , j'y confens, mais laiffez-moy ma haine,
Tant que vous ferez Roy , fouffrez que je fois
      Reine,
Auec la liberté d'aimer , & de haïr,
Et fans neceffité de craindre, ou d'obeïr.
   Voilà quelle je fuis , & quelle je veux eftre ;
I'accepte voftre Hymen,mais pour vivre fás maiftre,
Et ne quitterois point l'époux que j'auois pris,
Si Rome fe pouvoit éviter qu'à ce prix.
A ces conditions me voulez pour femme ?

MASSINISSE.

A ces conditions prenez toute mon ame,
Et s'il vous faut encor quelques nouueaux fermés...

SOPHONISBE.

Ne perdez point, Seigneur, ces precieux momens,
Et puisque fans contrainte il m'eft permis de vivre,
Faites tout preparer, je m'aprefte à vous fuivre.

MASSINISSE.

I'y vay, mais de nouveau gardez que Lælius...

SOPHONISBE.

Ceffez de vous gefner par des foins fuperflus,
I'en connoy l'importáce, & vous rejoins au Temple.

SCENE V.

SOPHONISBE, HERMINIE.

SOPHONISBE.

TV vois, mon bonheur paffe, & l'espoir, &
l'exemple,
Et c'eft, pour peu qu'on aime, une extrefme douceur
De pouvoir accorder fa gloire avec fon cœur;
Mais c'en eft vne icy bien autre, & fans égale,
D'enleuer, & fi-toft, ce Prince à ma Rivale,
De luy faire tomber fon triomphe des mains,
Et prendre fa conquefte aux yeux de fes Romains.
Peut-eftre avec le temps j'en auray l'avantage
De l'arracher à Rome, & le rendre à Carthage,
Ie m'en répons déja fur le don de fa foy,
Il eft à mon païs, puisqu'il eft tout à moy.
A ce nouvel Hymen c'eft ce qui me convie,
Non l'amour, non la peur de me voir affervie,

C iij

L'esclavage aux gráds cœurs n'eft point à redouter,
Alors qu'on fçait mourir on fçait tout éviter,
Mais comme enfin la vie eft bonne à quelque chofe,
Ma Patrie elle-mefme à ce trépas s'oppofe,
Et m'en defavoûroit, fi j'ofois me ravir
Les moyens que l'amour m'offre de la fervir.
Le bonheur furprenant de cette préference
M'en donne une affez jufte & flateufe efperance;
Que ne pourray-je point, fi dès qu'il m'a pû voir
Mes yeux d'une autre Reine ont détruit le pouvoir?
Tu l'as veu comme moy, qu'aucun retour vers elle
N'a montré qu'avec peine il luy fuft infidelle,
Il ne l'a point nommée, & pas mefme un foûpir
N'en a fait foupçonner le moindre fouvenir.

HERMINIE.

Ce font grandes douceurs que le Ciel vous renvoye,
Mais il manque le comble à cet excès de joye,
Dont vous vous fentiriez encor bien mieux faifir,
Si vous voyiez qu'Eryxe en euft du déplaifir.
Elle eft indifferente, ou plûtoft infenfible,
A vous fervir contr'elle elle fait fon poffible,
Quand vous prenez plaifir à troubler fon difcours,
Elle en prend à laiffer au voftre un libre cours,
Et ce Heros enfin que voftre foin obfede,
Semble ne vous offrir que ce qu'elle vous cede.
Ie voudrois qu'elle vift un peu plus fon malheur,
Qu'elle en fift hautement éclater la douleur,
Que l'espoir inquiet de fe voir fon époufe
Iettaft un plein defordre en fon ame jaloufe,
Que fon amour pour luy fuft fans bonté pour vous.

SOPHONISBE.

Que tu te connois mal en fentimens jaloux!
Alors qu'on l'eft fi peu, qu'on ne penfe pas l'eftre,
On n'y reflechit point, on laiffe tout paroiftre,

Mais quand on l'est affez pour s'en appercevoir,
On met tout fon poffible à n'en laiffer rien voir.
    Eryxe qui connoit, & qui hait fa foibleffe,
La renferme au dedans, & s'en rend la maîtreffe,
Mais cette indifference où tant d'orgueil fe joint
Ne part que d'un dépit jaloux au dernier point,
Et fa fauffe bonté fe trahit elle-mefme
Par l'effort qu'elle fait à fe montrer extrefme,
Elle eft étudiée, & ne l'eft pas affez
Pour échaper entiere aux yeux intereffez.
Allons fans perdre temps l'empefcher de nous nuire,
Et prévenir l'effet qu'elle pourroit produire.

Fin du fecond Acte.

ACTE III.

SCENE PREMIERE.

MASSINISSE, MEZETVLLE.

MEZETVLLE.

V Y, Seigneur, j'ay donné vos ordres à
     la porte,
Que jusques à demain aucun n'entre, ne sorte,
A moins que Lælius vous dépesche quelqu'un:
Au reste, vostre Hymen fait le bonheur commun.
Cette illustre conqueste est une autre victoire,
Que prennent les vainqueurs pour un surcroist de
     gloire,
Et qui fait aux vaincus bannir tout leur effroy,
Voyant regner leur Reine avec leur nouveau Roy.
Cette union à tous promet des biens solides,
Et reünit sous vous tous les cœurs des Numides,

MASSINISSE.

Mais Eryxe?

MEZETVLLE.

     J'ay mis des gens à l'obferver,
Et suis allé moy-mesme après eux la trouver,

De peur qu'un contre-temps de jalouſe colere
Allaſt jusqu'aux Autels en troubler le mystere.
D'abord qu'elle a tout ſçeu, ſon viſage étonné
Aux troubles du dedans ſans doute a trop donné,
Du moins à ce grand coup elle a paru ſurpriſe ;
Mais un moment après entierement remiſe,
Elle a voulu ſouſrire, & m'a dit froidement,
Le Roy n'uſe pas mal de mon conſentement,
Allez, & dites-luy que pour reconnoiſſance...
Mais, Seigneur, devers vous elle-meſme s'avance,
Et vous expliquera mieux que je n'aurois fait
Ce qu'elle ne m'a pas expliqué tout à fait.

MASSINISSE.

Cependant cours au Tếple, & preſſe un peu la Reine
D'y terminer des vœux dont la longueur me geſne,
Et dy-luy que c'eſt trop importuner les Dieux
En un temps où ſa veuë eſt ſi chere à mes yeux.

SCENE II.

MASSINISSE, ERYXE, BARCEE.

ERYXE.

COmme auec vous, Seigneur, je ne ſceus jamais
    feindre,
Souffrez pour un moment que j'oſe icy m'en plain-
    dre;
Non d'un amour éteint, ny d'un espoir deçeu,
L'un fut mal allumé, l'autre fut mal conçeu,
Mais d'avoir creu mon ame, & ſi foible, & ſi baſſe,
Qu'elle pûſt m'imputer voſtre Hymen à disgrace,

Et d'avoir envié cette joye à mes yeux,
D'en eſtre les témoins auſſi-bien que les Dieux.
Ce plein aveu promis avec tant de franchiſe
Me preparoit aſſez à voir tout ſans ſurpriſe,
Et ſeur que vous étiez de mon conſentement,
Vous me deviez ma part en cét heureux moment.
I'aurois un peu plûtoſt été deſabuſée,
Et près du précipice où j'étois expoſée,
Il m'euſt été, Seigneur, & m'eſt encor bien doux,
D'avoir pû vous connoiſtre avant que d'eſtre à
　　　vous.
Auſſi, n'attendez point de reproche, ou d'injure,
Ie ne vous nommeray, ny laſche, ny parjure ;
Quel outrage m'a fait voſtre manque de foy,
De me voler un cœur qui n'étoit point à moy ?
I'en connoy le haut prix, j'en voy tout le merite,
Mais jamais un tel vol n'aura rien qui m'irrite,
Et vous vivrez ſans trouble en vos contentements,
S'ils n'ont à redouter que mes reſſentiments.

MASSINISSE.

I'avois aſſez préveu qu'il vous ſeroit facile
De garder dans ma perte un esprit ſi tranquille ;
Le peu d'ardeur pour moy que vos deſirs ont eu
Doit s'accorder ſans peine avec cette vertu.
Vous avez feint d'aimer, & permis l'esperance,
Mais cét amour traiſnant n'avoit que l'apparence,
Et quand par voſtre Hymen vous pouviez m'acque-
　　　rir,
Vous m'avez renvoyé pour vaincre, ou pour perir.
I'ay vaincu par voſtre ordre, & vois avec ſurpriſe
Que je n'en ay pour fruit qu'une froide remiſe,
Et quelque espoir douteux d'obtenir voſtre choix
Quand nous ferons chez vous l'un & l'autre en vrais
　　　Rois.

Dites-moy donc, Madame, aimiez-vous ma per-
sonne,
Ou le pompeux éclat d'une double couronne,
Et lors que vous prétiez des forces à mon bras,
Etoit-ce pour unir nos mains, ou nos Etats ?
Ie vous l'ay déja dit, que toute ma vaillance
Tient d'un si grand secours sa gloire, & sa puissance,
Ie sçauray m'acquiter de ce qui vous est dû,
Et je vous rendray plus que vous n'avez perdu :
Mais comme en mon malheur ce favorable office
En vouloit à mon sceptre, & non à Massinisse,
Vous pouvez sans chagrin, dans mes destins meil-
leurs,
Voir mon sceptre en vos mains, & Massinisse ail-
leurs.
Prenez ce sceptre aimé pour l'attacher au vostre,
Ma main tant refusée est bonne pour une autre,
Et son ambition a dequoy s'arréter
En celuy de Syphax qu'elle vient d'emporter.
    Si vous m'aviez aimé, vous n'auriez pas eu honte
D'en montrer une estime, & plus haute, & plus
prompte,
Ny craint de ravaler l'honneur de vostre rang,
Pour trop considerer le merite & le sang.
La naissance suffit quand la personne est chere,
Vn Prince détrosné garde son caractere,
Mais à vos yeux charmez par de plus forts appas
Ce n'est point estre Roy que de ne regner pas,
Vous en vouliez en moy l'effet comme le titre,
Et quand de vostre amour la Fortune est l'arbitre,
Le mien au dessus d'elle, & de tous ses revers,
Reconnoit son objet dans les pleurs, dans les fers.
Après m'estre fait Roy pour plaire à vostre envie,
Aux dépens de mon sang, aux perils de ma vie,

Mon sceptre reconquis me met en liberté
De vous laisser un bien que j'ay trop acheté,
Et ce seroit trahir les droits du Diadesme,
Que sur le haut d'un trosne estre esclave moy-mes-
　　me.
Vn Roy doit pouvoir tout, & je ne suis pas Roy;
S'il ne m'est pas permis de disposer de moy.

E·RYXE.

Il est beau de trancher du Roy comme vous faites,
Mais n'a-t'on aucun lieu de douter si vous l'étes,
Et n'est-ce point, Seigneur, vous y prendre vn peu
　　mal,
Que d'en faire l'épreuve en gendre d'Asdrubal?
Ie sçay que les Romains vous rendront la Cou-
　　ronne,
Vous en avez parole, & leur parole est bonne,
Ils vous nommeront Roy, mais vous devez sçavoir
Qu'ils sont plus liberaux du nom que du pouvoir,
Et que sous leur appuy ce plein droit de tout faire
N'est que pour qui ne veut que ce qui doit leur
　　plaire.
Vous verrez qu'ils auront pour vous trop d'amitié,
Pour vous laisser méprendre au choix d'une moitié;
Ils ont pris trop de part en vostre Destinée,
Pour ne pas l'affranchir d'un pareil Hymenée,
Et ne se croiroient pas assez de vos amis,
Sils n'en desavoüoient les Dieux qui l'ont permis.

MASSINISSE.

Ie m'en dédis, Madame, & s'il vous est facile
De garder dás ma perte un cœur vraimét tranquille,
Du moins vostre grande ame avec tous ses efforts
N'en conserve pas bien les fastueux dehors.
Lors que vous étouffez l'injure, & la menace,
Vos illustres froideurs laissent rompre leur glace,
　　　　　　　　　　　Et cette

Et cette fermeté de sentimens contraints
S'échape adroitement du costé des Romains.
Si tant de retenuë a pour vous quelque gesne,
Allez jusqu'en leur camp solliciter leur haine,
Traitez-y mon Hymen de lasche & noir forfait,
N'épargnez point les pleurs pour en rompre l'effet,
Nommez-y moy cent fois ingrat, parjure, traistre,
I'ay mes raisons pour eux, & je les doy connoistre.

ERYXE.

Ie les connoy, Seigneur, sans doute moins que vous,
Et les connois assez pour craindre leur couroux.
    Ce grand titre de Roy que seul je considere
Etend sur moy l'affront qu'en vous ils vont luy faire,
Et rien icy n'échape à ma tranquillité,
Que par les interests de nostre Dignité.
Dans vostre peu de foy c'est tout ce qui me blesse.
Vous allez hautement montrer nostre foiblesse,
Dévoiler nostre honte, & faire voir à tous
Quels phantosmes d'Etat on fait regner en nous.
Ouy, vous allez forcer nos Peuples de connoistre
Qu'ils n'ont que le Senat pour veritable maistre,
Et que ceux qu'avec pompe ils ont veu couronner
En reçoivent les loix qu'ils semblent leur donner.
C'est là mon déplaisir, si ie n'érois pas Reine,
Ce que je pers en vous me feroit peu de peine,
Mais je ne puis souffrir qu'un si dangereux choix
Détruise en un moment ce peu qui reste aux Rois,
Et qu'en un si grand cœur l'impuissance de l'estre
Ait ménagé si mal l'honneur de le paroistre.
    Mais voicy cét objet si charmant à vos yeux
Dont le cher entretien vous divertira mieux.

SCENE III.

MASSINISSE, SOPHONISBE, ERYXE, MEZETVLLE, HERMINIE, BARCEE.

ERYXE.

VNe seconde fois tout a changé de face,
  Madame, & c'est à moy de vous quitter la pla-
Vous n'aviez pas dessein de me le dérober ?   (ce.

SOPHONISBE.

L'occasion qui plaist souvent fait succomber.
Vous puis-je en cet état rendre quelque service ?

ERIXE.

L'occasion qui plaist semble toûjours propice,
Mais ce qui vous & moy nous doit mettre en soucy,
C'est que ny vous ny moy ne commandons icy.

SOPHONISBE.

Si vous y commandiez, je pourrois estre à plaindre.

ERIXE.

Peut-estre en auriez-vous quelque peu moins à
  craindre ;
Ceux dont avant deux jours nous y prendrons des
  loix
Regardent d'un autre œil la Majesté des Rois :
Etant ce que je suis, je redoute un exemple,
Et Reine, c'est mon sort en vous que je contemple.

SOPHONISBE.

Vous avez du credit, le Roy n'en manque point,
Et si chez les Romains l'un à l'autre se joint...

ERYXE.

Voſtre felicité ſera long-temps parfaite,
S'ils la laiſſent durer autant que je ſouhaite.
  Seigneur, en cet Adieu recevez-en ma foy,
Ou me donnez quelqu'un qui réponde de moy.
La gloire de mon rang qu'en vous deux je reſpecte
Ne ſçauroit conſentir que je vous ſois ſuſpecte,
Faites-moy donc juſtice, & ne m'imputez rien,
Si le Ciel à mes vœux ne s'accorde pas bien.

SCENE IV.

MASSINISSE, SOPHONISBE, MEZETVLLE, HERMINIE.

MASSINISSE.

COmme elle voit ma perte aiſément reparable,
  Sa jalouſie eſt foible, & ſon dépit traitable.
Aucun reſſentiment n'éclate en ſes diſcours.

SOPHONISBE.

Non, mais le fond du cœur n'éclate pas toûjours.
  Qui n'eſt point irritée, ayant trop de quoy l'eſtre,
L'eſt ſouvent d'autant plus, qu'on le voit moins pa-
    roiſtre,
Et cachant ſon deſſein pour le mieux aſſeurer,
Cherche à prédre ce temps qu'on perd à murmurer.
Ce grand calme prepare un dangereux orage.
Prévenez les effets de ſa ſecrette rage,
Prévenez de Syphax l'emportement jaloux,
Avant qu'il ait aigry vos Romains contre vous,
Et portez dans leur camp la premiere Nouvelle
De ce que vient de faire un amour ſi fidelle.

Vous n'y hazardez rien, s'ils respectent en vous,
Comme nous l'esperons, le nom de mon époux;
Mais je m'attirerois la derniere infamie,
S'ils brisoient malgré vous le saint nœud qui nous
    lie,
Et qu'ils peussent noircir de quelque indignité
Mon trop de confiance en vostre authorité.
Si dès qu'ils paroistront vous n'êtes plus le maistre,
C'est d'eux qu'il faut sçavoir ce que je vous puis
    estre,
Et puisque Lælius doit entrer dès demain...

        MASSINISSE.

Ah, je n'ay pas receu le cœur avec la main,
Si vostre amour...

        SOPHONISBE.

        Seigneur, je parle avec franchise.
Vous m'avez épousée, & je vous suis acquise,
Voyons si vous pourrez me garder plus d'un jour.
Ie me rends au pouvoir, & non pas à l'amour,
Et de quelque façon qu'à present je vous nomme,
Ie ne suis point à vous, s'il faut aller à Rome.

        MASSINISSE.

A qui donc, à Syphax, Madame ?

        SOPHONISBE.

        D'aujourd'huy,
Puisqu'il porte des fers, ie ne suis plus à luy,
En dépit des Romains on voit que je vous aime;
Mais jusqu'à leur aveu je suis toute à moy-mesme,
Et pour obtenir plus que mon cœur & ma foy,
Il faut m'obtenir d'eux aussi bien que de moy.
Le nom d'époux suffit pour me tenir parole,
Pour me faire éviter l'aspect du Capitole,
N'exigez rien de plus, perdez quelques momens
Pour mettre en seureté l'effet de vos sermens;

Afin que vos lauriers me fauvent du tonnerre,
Allez aux Dieux du Ciel joindre ceux de la Terre.
Mais que nous veut Syphax que ce Romain côduit ?

SCENE V.

SYPHAX, MASSINISSE,
SOPHONISBE, LEPIDE,
HERMINIE, MEZETVLLE,
Gardes.

LEPIDE.

TOuché de cet excès du malheur qui le ſuit,
Madame, par pitié Lælius vous l'enuoye,
Et donne à ſes douleurs ce mélange de joye,
Avant qu'on le conduiſe au camp de Scipion.

MASSINISSE.

I'auray pour ſes malheurs meſme compaſſion.
Adieu, cet entretien ne veut point ma preſence,
I'en attendray l'iſſuë avec impatience,
Et j'oſe en eſperer quelques plus douces loix,
Quâd vous aurez mieux veu le Destin des deuxRois,

SOPHONISBE.

Ie ſçay ce que je ſuis, & ce que je doy faire,
Et prens pour ſeul objet ma gloire à ſatisfaire,

SCENE VI.

SYPHAX, SOPHONISBE, LEPIDE, HERMINIE, Gardes.

SYPHAX.

MAdame, à cet excès de generosité
Ie n'ay presque plus d'yeux pour ma captivité,
Et malgré de mon Sort la disgrace éclatante,
Ie suis encor heureux, quand je vous voy constante.
  Vn rival triomphant veut place en vostre cœur,
Et vous osez pour moy dédaigner ce vainqueur!
Vous preferez mes fers à toute sa victoire,
Et sçavez hautement soûtenir vostre gloire!
Ie ne vous diray point aussi que vos conseils
M'ont fait choir de ce rang si cher à nos pareils,
Ny que pour les Romains vostre haine implacable
A rendu ma déroute à jamais déplorable,
Puisqu'en vain Massinisse attaque vostre foy,
Ie regne dans vostre ame, & c'est assez pour moy.

SOPHONISBE.

Qui vous dit qu'à ses yeux vous y regniez encore?
Que pour vous je dédaigne un vainqueur qui m'a-
    dore?
Et quelle indigne loy m'y pourroit obliger,
Lors que vous m'apportez des fers à partager?

SYPHAX.

Ce soin de vostre gloire & de luy satisfaire...

SOPHONISBE.

Quand vous l'entendrez bien, vous dira le con-
    traire.

Ma gloire est d'éviter les fers que vous portez,
D'éviter le triomphe où vous vous soûmettez,
Ma naissance ne voit qué cette honte à craindré ;
Enfin détrompez-vous, il sieroit mal de feindre,
Ie suis à Massinisse, & le Peuple en ces lieux
Vient de voir nostre Hymen à la face des Dieux,
Nous sortons de leur Temple.

SYPHAX.

     Ah, que m'ofez-vous dire ?

SOPHONISBE.

Que Rome fur mes jours n'aura jamais d'empire.
I'ay sçeu m'en affranchir par une autre union,
Et vous suivrez fans moy le char de Scipion.

SYPHAX.

Le croiray-je ; grands Dieux , & le voudra-t'on
  croire,
Alors que l'avenir en apprendra l'histoire ?
Sophonisbe servie avec tant de respect,
Elle , que j'adoray dès le premier aspect,
Qui s'est veuë à toute heure , & par tout obeïe,
Insulte laschement à ma gloire trahie,
Met le comble à mes maux par sa déloyauté,
Et d'un crime si noir fait encor vanité.

SOPHONISBE.

Le crime n'est pas grand d'avoir l'ame affez hauté
Pour conferver un rang que le Destin vous oste:
Ce n'est point un honneur qui rebute en deux
  jours,
Et qui regne un moment aime à regner toûjours,
Mais si l'essay du Trosne en fait durer l'envie
Dans l'ame la plus haute à l'égal de la vie,
Vn Roy né pour la gloire , & digne de fon fort,
A la honte des fers sçait preferer la mort,
Et vous m'aviez promis en partant...

SYPHAX.

Ah , Madame,
Qu'une telle promesse étoit douce à voſtre ame !
Ma mort faiſoit dès lors vos plus ardens ſouhaits.

SOPHONISBE.

Non , mais je vous tiens mieux ce que je vous pro-
mets,
Ie vis encor en Reine,& je mourray de meſme.

SYPHAX.

Dites que voſtre foy tient toute au Diadeſme,
Que les plus ſaintes loix ne peuvent rien ſur vous.

SOPHONISBE.

Ne m'attachez point tant au destin d'un époux,
Seigneur,les loix de Rome,& celles de Carthage
Vóus diront que l'Hymen ſe rompt par l'esclavage,
Que vos chaiſnes du noſtre ont briſé le lien,
Et qu'étant dans les fers vous ne m'étes plus rien.
Ainſi par les Loix meſme en mon pouvoir remiſe,
Ie me donne au Monarque à qui je fus promiſe,
Et m'acquitte envers luy d'une premiere foy,
Qu'il receut avant vous de mon pere, & de moy.
Ainſi mon changement n'a point de perfidie,
I'étois, & ſuis encor au Roy de Numidie,
Et laiſſe à voſtre ſort ſon flux & ſon reflus,
Pour regner malgré luy quand vous ne regnez plus.

SYPHAX.

Ah,s'il eſt quelques loix qui ſouffrent qu'on étale
Cet illustre mépris de la foy conjugale,
Cette hauteur , Madame , a d'étranges effets
Après m'avoir forcé de refuſer la paix.
Me les promettiez-vous , alors qu'à ma défaite
Vous montriez dans Cyrthe une ſeure retraite,
Et qu'outre le ſecours de voſtre General
Vous me vantiez celuy d'Hannon & d'Annibal?

Pour vous avoir trop creuë, helas, & trop aimée,
Ie me voy sans Etats, je me voy sans Armée,
Et par l'indignité d'un soudain changement,
La cause de ma chûte en fait l'accablement.

SOPHONISBE.

Puisque je vous montrois dans Cyrthe une retraite,
Vous deviez vous y rendre après vostre defaite:
S'il eust fallu perir sous un fameux débris,
Ie l'eusse appris de vous, ou je vous l'eusse appris,
Moy, qui sans m'ébranler du fort de deux batailles,
Venois de m'enfermer exprès dans ces murailles,
Preste à souffrir un Siege, & soûtenir pour vous,
Quoy que du Ciel injuste eust osé le couroux.
    Pour mettre en seureté quelques restes de vie,
Vous avez du Triomphe accepté l'infamie,
Et ce Peuple deceu qui vous tendoit les mains
N'a reveu dans son Roy qu'un captif des Romains.
Vos fers en leur faveur plus forts que leurs Cohortes
Ont abatu les cœurs, ont fait ouvrir les portes,
Et reduit vostre femme à la necessité
De chercher tous moyens d'en fuir l'indignité,
Quand vos Sujets ont crû que sans devenir traistres
Ils pouvoient après vous se livrer à vos maistres.
Vostre exemple est ma loy, vous vivez, & je vy,
Et si vous fussiez mort, je vous aurois suivy.
Mais si je vis encor, ce n'est pas pour vous suivre,
Ie vy pour vous punir de trop aimer à vivre;
Ie vy peut-estre encor pour quelqu'autre raison,
Qui se justifiera dans une autre saison,   (croire,
Vn Romain nous écoute, & quoy qu'on veüille en
Quand il en sera temps, je mourray pour ma gloire.
    Cependant, bien qu'un autre ait le tître d'époux,
Sauvez-moy des Romains, je suis encor à vous,
Et je croiray regner malgré vostre esclauage,
Si vous pouvez m'ouvrir les chemins de Carthage,

Obtenez de vos Dieux ce miracle pour moy,
Et je romps avec luy pour vous rendre ma foy.
Ie l'aimay, mais ce feu dont je fus la maîtresse,
Ne met point dans mon cœur de hôteuse tendresse,
Toute ma passion est pour la liberté,
Et toute mon horreur pour la captivité.

Seigneur, après cela je n'ay rien à vous dire,
Par ce nouuel Hymen vous voyez où j'aspire,
Vous sçauez les moyens d'en rompre le lien,
Réglez-vous là dessus, sans vous plaindre de rien.

SCENE VII.

SYPHAX, LEPIDE, GARDES.

SYPHAX.

A-T'on veu sous le Ciel plus infame injustice !
Ma déroute la jette au lit de Massinisse,
Et pour justifier ses lasches trahisons,
Les maux qu'elle a causez luy servent de raisons.

LEPIDE.

Si c'est avec chagrin que vous souffrez la perte,
Seigneur, quelque esperance encor vous est offerte.
Si je l'ay bien compris, cet Hymen imparfait
N'est encor qu'en parole, & n'a point eu d'effet,
Et comme nos Romains le verront avec peine,
Ils pourront mal répondre aux souhaits de la Reine,
Ie vay m'asseurer d'elle, & vous diray de plus
Que j'en viens d'envoyer avis à Lælius,
I'en attens nouvel ordre, & dans peu je l'espere.

SYPHAX.

Quoy, prendre tant de soin d'adoucir ma misere!
Lepide, il n'appartient qu'à de vrais genereux
D'auoir cette pitié des Princes malheureux,

Autres que les Romains n'en chercheroient la
gloire.

LEPIDE.

Lælius fera voir ce qu'il vous en faut croire.
Vous autres, attendant quel est son sentiment,
Allez garder le Roy dans cet apartement.

Fin du troisiéme Acte.

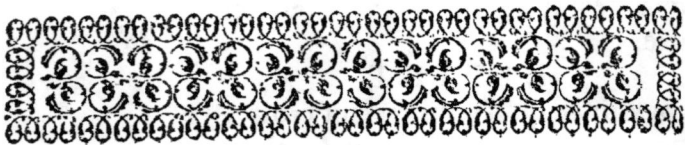

ACTE IV.

SCENE PREMIERE.

SYPHAX, LEPIDE.

LEPIDE.

ÆLIVS eſt dans Cyrthe , & s'en eſt
    rendu maiſtre,
Bien-toſt dans ce Palais vous le verrez
    paroiſtre,
Et ſi vous eſperez que parmy vos malheurs
Sa preſence ait dequoy ſoulager vos douleurs,
Vous n'avez avec moy qu'à l'attendre au paſſage.

SYPHAX.

Lepide, que dit-il , touchant ce mariage?
En rompra-t'il les nœuds ? en ſera-t'il d'accord?
Fera-t'il mon rival arbitre de mon ſort?

LEPIDE.

Ie ne vous répons point que ſur cette matiere
Il veüille vous ouvrir ſon ame toute entiere,
Mais vous pouvez juger que puiſqu'il vient icy,
Cet Hymen comme à vous luy donne du ſoucy.
Sçachez-le de luy-meſme,il entre,& vous regarde.

SCENE

SCENE II.

LÆLIVS, SYPHAX, LEPIDE.

LÆLIVS.

DEtachez-luy ces fers, il suffit qu'on le garde.
 Prince, je vous ay veu tantost côme ennemy,
Et vous voy maintenant comme ancien amy.
Le fameux Scipion de qui vous fustes l'hoste,
Ne s'offencera point des fers que je vous oste,
Et feroit encor plus, s'il nous étoit permis
De vous remettre au rang de nos plus chers amis.

SYPHAX.

Ah, ne rejettez point dans ma triste memoire
Le cuisant souvenir de l'excès de ma gloire,
Et ne reprochez point à mon cœur desolé,
A force de bontez, ce qu'il a violé.
Ie fus l'amy de Rome, & de ce grand courage
Qu'opposent nos destins aux destins de Carthage;
Toutes deux, & ce fut le plus beau de mes jours,
Par leurs plus grands Heros briguerent mon se-
    cours:
I'eus des yeux assez bons pour remplir vostre attéte,
Mais que sert un bon choix dans une ame incon-
    stante,
Et que peuuent les droits de l'hospitalité
Sur un cœur si facile à l'infidelité ?
I'en suis assez puny par un revers si rude,
Seigneur, sans m'accabler de mon ingratitude;
Il suffit des malheurs qu'on voit fondre sur moy,
Sans me conuaincre encor d'avoir manqué de foy,

E

Et me faire avoüer que le Sort qui m'opprime,
Pour cruel qu'il me soit, rend justice à mon crime.

LÆLIVS.

Ie ne vous parle auſſi qu'avec cette pitié
Que nous laiſſe pour vous un reste d'amitié,
Elle n'eſt pas éteinte, & toutes vos défaites
Ont remply nos ſuccès d'amertumes ſecrettes,
Nous ne ſçaurions voir meſme aujourd'huy qu'à
      regret,
Ce gouffre de malheurs que vous vous étes fait.
Le Ciel m'en eſt témoin, & vos propres murailles
Qui nous voyoient enflez du gain de deux batailles,
Ont veu cette amitié porter tous nos ſouhaits
A regagner la voſtre, & vous rendre la paix.
Par quel motif de haine obstinée à vous nuire
Nous avez-vous forcez vous-meſme à vous dé-
      truire?
Quel Aſtre de voſtre heur, & du noſtre jaloux
Vous a précipité jusqu'à rompre avec nous?

SYPHAX.

Pourrez-vous pardonner, Seigneur, à ma vieilleſſe
Si je vous fais l'aveu de toute ſa foibleſſe?
   Lors que je vous aimay, j'étois maiſtre de moy,
Et tant que je le fus, je vous garday ma foy:
Mais dès que Sophonisbe avec ſon Hymenée
S'empara de mon ame & de ma Deſtinée,
Ie ſuivis de ſes yeux le pouvoir abſolu,
Et n'ay voulu depuis que ce qu'elle a voulu.
   Que c'eſt un imbecille & ſevere esclavage,
Que celuy d'un époux ſur le panchant de l'aage,
Quand ſous un front ridé qu'on a droit de haïr
Il croit ſe faire aimer à force d'obeïr.
De ce mourant amour les ardeurs ramaſſées
Iettent un feu plus vif dans nos veines glacées,

Et penſent racheter l'horreur des cheveux gris
Par le preſent d'un cœur au dernier point ſoûmis.
Sophonisbe par là devint ma Souveraine,
Regla mes amitiez , diſpoſa de ma haine,
M'anima de ſa rage , & verſa dans mon ſein
De toutes ſes fureurs l'implacable deſſein.
Sous ces dehors charmants qui parolent ſon viſage
C'étoit une Alecton que déchaiſnoit Carthage;
Elle avoit tout mon cœur, Carthage tout le ſien,
Hors de ſes intereſts elle n'écoutoit rien,
Et malgré cette paix que vous m'avez offerte,
Elle a voulu pour eux me livrer à ma perte.
Vous voyez ſon ouvrage en ma captivité,
Voyez-en un plus rare en ſa déloyauté.

　　Vous trouverez , Seigneur, cette meſme Furie,
Qui ſeule m'a perdu pour l'avoir trop cherie,
Vous la trouverez , dy-je , au lit d'un autre Roy,
Qu'elle ſçaura ſeduire & perdre comme moy.
Si vous ne le ſçavez , c'eſt voſtre Maſſiniſſe,
Qui croit par cet Hymen ſe bien faire juſtice,
Et que l'infame vol d'une telle moitié
Le vange pleinement de noſtre inimitié;
Mais pour peu de pouvoir qu'elle ait ſur ſon courage,
Ce vainqueur avec elle épouſera Cartage.
L'air qu'un ſi cher objet ſe plaiſt à respirer
A des charmes trop forts pour n'y pas attirer;
Dans ce dernier malheur c'eſt ce qui me conſole,
Ie luy cede avec joye un poiſon qu'il me vole,
Et ne vois point de don ſi propre à m'acquiter
De tout ce que ma haine oſe luy ſouhaiter.
　　　　　L Æ L I V S.
Ie connoy Maſſiniſſe, & ne voy rien à craindre
D'un amour que luy-meſme il prendra ſoin d'étein-
　　dre,

　　　　　　　　E ij

Il en sçait l'importance, & quoy qu'il ait osé,
Si l'Hymen fut trop prompt, le divorce est aisé.
Sophonisbe envers vous l'ayant mis en usage
Le recevra de luy sans changer de visage,
Et ne se promet pas de ce nouvel époux
Plus d'amour ou de foy qu'elle n'en eut pour vous.
Vous, puisque cet Hymen satisfait vostre haine,
De ce qui le suivra ne soyez point en peine,
Et sans en augurer pour nous, ny bien, ny mal,
Attendez sans soucy la perte d'un rival,
Et laissez-nous celuy de voir quel avantage
Pourroit avec le temps en recevoir Carthage.

SYPHAX.

Seigneur, s'il est permis de parler aux vaincus,
Souffrez encor un mot, & je ne parle plus.
     Massinisse de soy pourroit fort peu de chose,
Il n'a qu'un camp volant dont le hazard dispose,
Mais joint à vos Romains, joint aux Carthaginois,
Il met dans la balance un redoutable poids,
Et par ma cheute enfin sa fortune enhardie
Va traisner après luy toute la Numidie.
Ie le hay fortement, mais non pas à l'égal
Des murs que ma perfide eut pour sejour natal.
Le déplaisir de voir que ma ruïne en vienne
Craint qu'ils ne durent trop s'il faut qu'il les soû-
    tienne.
Puisse-t'il, ce rival, perir dès aujourd'huy,
 Mais puissay-je les voir trébucher avant luy.
     Prévenez donc, Seigneur, l'appuy qu'on leur
         prépare,
Vangez-moy de Carthage, avant qu'il se declare,
Pressez en ma faveur vostre propre couroux,
Et gardez jusque-là Massinisse pour vous.
Ie n'ay plus rien à dire, & vous en laisse faire.

LÆLIVS.

Nous ſçavons profiter d'un avis ſalutaire,
Allez m'attendre au camp, je vous ſuivray de près,
Ie dois icy l'oreille à d'autres intereſts,
Et ceux de Maſſiniſſe....

SYPHAX.

Il oſera vous dire....

LÆLIVS.

Ce que vous m'avez dit, Seigneur, vous doit ſuffire,
Encor un coup, allez ſans vous inquieter,
Ce n'eſt pas devant vous que je dois l'écouter.

SCENE III.

LÆLIVS, MASSINISSE,
MEZETVLLE.

MASSINISSE.

L'Avez-vous commandé, Seigneur, qu'en ma preſence
Vos Tribuns vers la Reine uſent de violence?

LÆLIVS.

Leur ordre eſt d'emmener au camp les priſonniers,
Et comme elle & Syphax s'en trouvent les premiers,
Ils ont ſuivy cet ordre en commençant par elle.
Mais par quel intereſt prenez-vous ſa querelle?

MASSINISSE.

Syphax vous l'aura dit, puiſqu'il ſort d'avec vous.
Seigneur, elle a receu ſon veritable époux,
Et j'ay repris ſa foy par force violée
Sur un uſurpateur qui me l'avoit volée.
Son pere & ſon amour m'en avoient fait le don,

E iij

LÆLIVS.

Ce don pour tout effet n'eut qu'un lasche abandon.
Dès que Syphax parut, cet amour sans puissance...

MASSINISSE.

I'étois lors en Espagne, & durant mon absence
Carthage la força d'accepter ce party,
Mais à present Carthage en a le démenty,
En reprenant mon bien j'ay détruit son ouurage,
Et vous fais dès icy triompher de Carthage.

LÆLIVS.

Commencer avant nous un triomphe si haut,
Seigneur, c'est la braver un peu plus qu'il ne faut,
Et mettre entre elle & Rome une étrange balance,
Que de confondre ainsi l'une & l'autre alliance,
Nostre amy tout ensemble, & gendre d'Asdrubal.
Croyez-moy, ces deux noms s'accordent assez mal,
Et quelque grand dessein que puisse estre le vostre,
Vous ne pourrez long-téps conserver l'un & l'autre.
　　Ne vous figurez point qu'une telle moitié
Soit jamais compatible avec nostre amitié,
Ny que nous attendions que le mesme artifice,
Qui nous osta Syphax, nous vole Massinisse.
Nous aimons nos amis, & mesme en dépit d'eux
Nous sçavons les tirer de ces pas dangereux,
Ne nous forcez à rien qui vous puisse déplaire.

MASSINISSE.

Ne m'ordonnez donc rien que je ne puisse faire,
Et montrez cette ardeur de servir vos amis
A tenir hautement ce qu'on leur a promis.
Du Consul & de vous j'ay la parole expresse,
Et ce grand jour a fait que tout obstacle cesse,
Tout ce qui m'appartint me doit estre rendu.

LÆLIVS.

Et par où cet espoir vous est-il défendu?

MASSINISSE.

Quel ridicule espoir en garderoit mon ame,
Si voſtre dureté me refuſe ma femme ?
Eſt-il rien plus à moy ? rien moins à balancer ?
Et du reste par là que me faut-il penſer ?
Puis-je faire aucun fonds ſur la foy qu'on me donne,
Et traité comme esclave attendre ma couronne?

LÆLIVS.

Nous en avons icy les ordres du Senat,
Et meſme de Syphax il y joint tout l'Etat;
Mais nous n'en avons point touchant cette captive,
Syphax eſt ſon époux, il faut qu'elle le ſuive.

MASSINISSE.

Syphax eſt ſon époux ! & que ſuis-je, Seigneur?

LÆLIVS.

Conſultez la raiſon plûtoſt que voſtre cœur,
Et voyant mon devoir ſouffrez que je le faſſe.

MASSINISSE.

Chargez, chargez-moy donc de vos fers en ſa place,
Au lieu d'un conquerant par vos mains couronné,
Traiſnez à voſtre Romé un vainqueur enchaiſné.
Ie ſuis à Sophonisbe, & mon amour fidelle
Dédaigne, & Diadeſme, & liberté ſans elle,
Ie ne veux, ny regner, ny vivre qu'en ſes bras,
Non , je ne veux...

LÆLIVS.

Seigneur, ne vous emportez pas.

MASSINISSE.

Reſolus à ma perte , helas ! que vous importe
Si ma juste douleur ſe retient,ou s'emporte?
Mes pleurs & mes ſoupirs vous flechiront ils mieux,
Et faut-il à genoux vous parler comme aux Dieux?
Que j'ay mal employé mon ſang & mes ſervices
Quand je les ay prétez à vos Aſtres propices,

Si j'ay pû tant de fois haſter voſtre deſtin
Sans pouvoir meriter cette part au butin !

LÆLIVS.

Si vous avez , Seigneur , haſté noſtre fortune,
Ie veux bien que la proye entre nous ſoit commune;
Mais pour la partager eſt-ce à vous de choiſir ?
Eſt-ce avant noſtre aveu qu'il vous en faut ſaiſir?

MASSINISSE.

Ah, ſi vous aviez fait la moindre experience
De ce qu'un digne amour donne d'impatience,
Vous ſçauriez... Mais pourquoy n'en auriez-vous
   pas fait?
Pour aimer à noſtre aage en eſt-on moins parfait?
Les Heros des Romains ne ſont-ils jamais hom-
   mes?
Leur Mars a tant de fois été ce que nous ſommes,
Et le maiſtre des Dieux,des Rois,& des Amants
En ma place auroit eu meſmes empreſſements.
J'aimois, on l'agréoit, j'étois icy le maiſtre,
Vous m'aimiez , ou du moins vous le faiſiez paroi-
   ſtre;
L'amour en cet état daigne-t'il heſiter
Faute d'un mot d'aveu dont il n'oſe douter?
Voir ſon bien en ſa main, & ne le point reprendre,
Seigneur,c'eſt un reſpect bien difficile à rendre.
Vn Roy ſe ſouvient-il en des moments ſi doux
Qu'il a dans voſtre camp des maiſtres parmy vous?
Ie l'ay dû toutesfois,& je m'en tiens coupable,
Ce crime eſt-il ſi grand qu'il ſoit irreparable?
Et ſans conſiderer mes ſervices paſſez,
Sans excuſer l'amour par qui nos cœurs forcez...

LÆLIVS.

Vous parlez tant d'amour, qu'il faut que je confeſſe
Que j'ay honte pour vous de voir tant de foibleſſe.

N'alleguez point les Dieux, fi l'on voit quelque-
fois
Leur flame s'emporter en faveur de leur choix,
Ce n'eſt qu'à leurs pareils à fuivre leurs exemples,
Et vous ferez comme eux quand vous aurez des tem-
ples.
Comme ils font dans leur Ciel au deſſus du danger,
Ils n'ont là rien à craindre, & rien à ménager.
    Du reſte, je ſçay bien que ſouvent il arrive
Qu'un vainqueur s'adoucit auprès de ſa captive,
Les droits de la victoire ont quelque liberté
Qui ne ſçauroit déplaire à noſtre aage indompté:
Mais quand à cette ardeur un Monarque défere,
Il s'en fait un plaiſir, & non pas une affaire,
Il repouſſe l'amour comme un laſche attentat,
Dès qu'il veut prévaloir ſur la raiſon d'Etat,
Et ſon cœur au deſſus de ces baſſes amorces
Laiſſe à cette raiſon toûjours toutes ſes forces.
Quand l'amour avec elle a dequoy s'accorder,
Tout eſt beau, tout ſuccede, on n'a qu'à demander;
Mais pour peu qu'elle en ſoit, ou doive eſtre alarmée,
Son feu qu'elle dédit doit tourner en fumée.
Ie vous en parle en vain, cet amour decevant
Dans voſtre cœur ſurpris a paſſé trop avant,
Vos feux vous plaiſét trop pour les vouloir éteindre,
Et tout ce que je puis, Seigneur, c'eſt de vous plain-
dre.

MASSINISSE.

Me plaindre tout enſemble, & me tyranniſer!

LÆLIVS.

Vous l'avoûrez un jour, c'eſt vous favoriſer.

MASSINISSE.

Quelle faveur, grands Dieux, qui tient lieu de ſup-
plice!

LÆLIVS.

Quànd vous ferez à vous vous luy ferez justice.

MASSINISSE.

Ah, que cette justice eſt dure à concevoir!

LÆLIVS.

Ie la conçois aſſez pour ſuivre mon devoir.

SCENE IV.

LÆLIVS, MASSINISSE, MEZETVLLE, ALBIN.

ALBIN.

SCipion vient, Seigneur. d'arriver dás vos Tentes,
Ravy du grand ſuccès qui previent ſes attentes,
Et ne vous croyant pas maiſtre en ſi peu de jours,
Il vous venoit luy-meſme amener du ſecours,
Tandis que le blocus laiſſé devant Vtique
Répond de cette Place à noſtre Republique.
Il me donne ordre exprès de vous en avertir.

LÆLIVS.

Allez à voſtre Hymen le faire conſentir,
Allez le voir ſans moy, je l'en laiſſe ſeul juge.

MASSINISSE.

Ouy, contre vos rigueurs il ſera mon refuge,
Et j'en rapporteray d'autres ordres pour vous.

LÆLIVS.

Ie les ſuivray, Seigneur, ſans en eſtre jaloux.

MASSINISSE.

Mais avant mon retour ſi l'on ſaiſit la Reine....

LÆLIVS.

I'en répons juſques-là, n'en ſoyez point en peine.

Qu'on la faſſe venir. Vous pouvez luy parler,
Pour prendre ſes conſeils, ou pour la conſoler.
Gardes, que ſans témoins on le laiſſe avec elle,
Vous, pour dernier avis d'une amitié fidélle,
Perdez fort peu de temps en ce doux entretien,
Et jusques au retour ne vous vantez de rien.

SCENE V.

MASSINISSE, SOPHONISBE, MEZETVLLE, HERMINIE.

MASSINISSE.

VOyez-la donc, Seigneur, voyez tout ſon merite;
Voyez s'il eſt aiſé qu'un Heros... Il me quitte,
Et d'un premier éclat le barbare alarmé
N'oſe expoſer ſon cœur aux yeux qui m'ont charmé.
Il veut eſtre inflexible, & craint de ne plus l'eſtre,
Pour peu qu'il ſe permiſt de voir, & de connoiſtre.
Allons, allons, Madame, eſſayer aujourd'huy
Sur le grand Scipion ce qu'il a craint pour luy.
Il vient d'entrer au camp, venez-y par vos charmes
Appuyer mes ſoûpirs, & ſecourir mes larmes,
Et que ces meſmes yeux qui m'ont fait tout oſer,
Si j'en ſuis criminel, ſervent à m'excuſer.
Puiſſent-ils, & ſur l'heure, auoir là tant de force,
Que pour prendre ma place il m'ordonne un di-
vorce,
Qu'il veüille conſerver mon bien en me l'oſtant;
I'en mourray de douleur, mais je mourray content.
Mon amour pour vous faire un deſtin ſi propice,
Se prepare avec joye à ce grand ſacrifice;

Si c'eſt vous bien ſervir, l'honneur m'en ſuffira,
Et ſi c'eſt mal aimer, mon bras m'en punira.

SOPHONISBE.

Le trouble de vos ſens dont vous n'êtes plus maiſtre,
Vous a fait oublier, Seigneur, à me connoiſtre.
Quoy, j'irois mandier juſqu'au camp des Ro-
        mains
La pitié de leur Chef qui m'auroit en ſes mains?
J'irois deshonorer par un honteux hommage
Le trofne où j'ay pris place, & le ſang de Carthage,
Et l'on verroit gemir la fille d'Asdrubal
Aux pieds de l'ennemy pour eux le plus fatal?
Ie ne ſçay ſi mes yeux auroient là tant de force
Qu'en ſa faveur ſur l'heure il preſſaſt un divorce,
Mais je ne me voy pas en état d'obeïr
S'il oſoit juſque-là ceſſer de me haïr.
La vieille antipathie entre Rome & Carthage
N'eſt pas preſte à finir par un tel aſſemblage;
Ne vous preparez point à rien ſacrifier
A l'honneur qu'il auroit de vous juſtifier.
Pour effet de vos feux, & de voſtre parole,
Ie ne veux qu'éviter l'aſpect du Capitole;
Que ce ſoit par l'Hymen ou par d'autres moyens,
Que je vive avec vous, ou chez nos Citoyens,
La choſe m'eſt égale, & je vous tiendray quitte,
Qu'on nous ſepare, ou non, pourveu que je l'évite.
Mon amour vou Iroit plus, mais je regne ſur luy,
Et n'ay changé d'époux que pour prendre un appuy.
Vous m'avez demandé la faveur de ce tître,
Pour ſouſtraire mon ſort à ſon injuſte arbitre,
Et puiſqu'à m'affranchir il faut que j'aide un Roy,
C'eſt là tout le ſecours que vous aurez de moy.
Ajoûtez-y des pleurs, meſlez-y des baſſeſſes,
Mais laiſſez-moy de grace ignorer vos foibleſſes,

Et ſi

Et si vous souhaitez que l'effet m'en soit doux,
Ne me donnez point lieu d'en rougir après vous.
Ie ne vous cele point que je serois ravie,
D'unir à vos destins les restes de ma vie,
Mais si Rome en vous-mesme ose braver les Rois,
S'il faut d'autres secours, laissez-les à mon choix.
I'en trouveray, Seigneur, & j'en sçay qui peut-estre
N'auront à redouter, ny maîtresse, ny maistre;
Mais mon amour préfere à cette seureté
Le bien de vous devoir toute ma liberté.

MASSINISSE.

Ah, si je vous pouvois offrir mesme asseurance,
Que je serois heureux de cette preference!

SOPHONISBE.

Syphax & Lælius pourront vous prévenir,
Si vous perdez icy le temps de l'obtenir.
Partez.

MASSINISSE.

M'enviez vous le seul bien qu'à ma flamé
A souffert jusqu'icy la grandeur de vostre ame?
Madame, je vous laisse aux mains de Lælius,
Vous avez pû vous-mesme entendre ses refus,
Et mon amour ne sçait ce qu'il peut se promettre
De celles du Consul où je vay me remettre.
L'un & l'autre est Romain, & peut-estre en ce lieu
Ce peu que je vous dis est le dernier Adieu,
Ie ne voy rien de seur que cette triste joye.
Ne me l'enviez plus, souffrez que je vous voye,
Souffrez que je vous parle, & vous puisse exprimer
Que'que part des malheurs où l'on peut m'abysmer,
Quelques informes traits de la secrette rage
Que déja dans mon cœur forme leur sombre image.
Non que je desespere, on m'aime, mais helas,
On m'estime, on m'honore, & l'on ne me craint pas

F

M'éloigner de vos yeux en cette incertitude
Pour un cœur tout à vous c'est un tourmēt biē rude,
Et si j'en ose croire un noir pressentiment,
C'est vous perdre à jamais que vous perdre un mo-
　　ment.
　　Madame, au nom des Dieux , rasseurez mon cou-
　　rage,
Dites que vous m'aimez, j'en pourray davantage,
I'en deviendray plus fort auprès de Scipion:
Montrez pour mon bonheur un peu de passion,
Montrez que vostre flame au mesme bien aspire,
Ne regnez plus sur elle, & laissez-luy me dire...
　　　SOPHONISBE.
Allez, Seigneur, allez, je vous aime en époux,
Et serois à mon tour aussi foible que vous.
　　　MASSINISSE.
Faites, faites-moy voir cette illustre foiblesse,
Que ses douceurs...
　　　SOPHONISBE.
　　　　　Ma gloire en est encor maîtresse.
Adieu, ce qui m'échape en faveur de vos feux
Est moins que je ne sens, & plus que je ne veüx.
　　　　Elle rentre.
　　　MEZETVLLE.
Douterez-vous encor, Seigneur, qu'elle vous aime?
　　　MASSINISSE.
Mezetulle, il est vray, son amour est extresme,
Mais cet extresme amour, au lieu de me flater,
Ne sçauroit me servir qu'à mieux me tourmenter,
Ce qu'elle m'en fait voir redouble ma souffrance.
Reprenons toutefois un moment de constance,
En faveur de sa flame esperons jusqu'au bout,
Et pour tout obtenir, allons hazarder tout.

　　　Fin du quatriéme Acte.

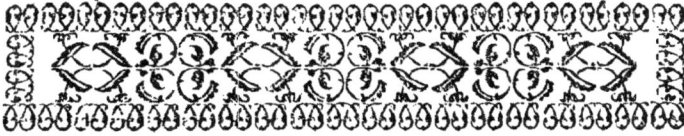

ACTE V.

SCENE PREMIERE.

SOPHONISBE, HERMINIE.

SOPHONISBE.

ESSE de me flater d'une esperance
     vaine,
Auprès de Scipion ce Prince perd sa
     peine,
S'il l'avoit pû toucher, il seroit revenu,
Et puisqu'il tarde tant, il n'a rien obtenu.

HERMINIE.

Si tant d'amour pour vous s'impute à trop d'audace,
Il faut un peu de temps pour en obtenir grace;
Moins on la rend facile,& plus elle a de poids,
Scipion s'en fera prier plus d'une fois,
Et peut-estre son ame encor irresoluë....

SOPHONISBE.

Sur moy,quoy qu'il en soit,je me rends absoluë,
Contre sa dureté j'ay du secours tout prest,
Et feray malgré luy moy seule mon Arrest.
  Cependant de mon feu l'importune tendresse
Aussi-bien que ma gloire en mon sort s'interesse,

Veut regner en mon cœur comme ma liberté,
Et n'ose l'avoüer de toute sa fierté.

Quelle bassesse d'ame , O ma gloire, ô Carthage,
Faut-il qu'avec vous deux un homme la partage,
Et l'amour de la vie en faveur d'un époux
'Doit-il estre en ce cœur aussi puissant que vous?
Ce Heros a trop fait de m'avoir épousée;
De sa seule pitié s'il m'eust favorisée,
Cette pitié peut-estre en ce triste & grand jour,
Auroit plus fait pour moy, que cet excès d'amour.
Il devoit voir que Rome en juste défiance...

HERMINIE.

Mais vous luy témoigniez pareille impatience,
Et vos feux rallumez montroient de leur costé
Pour ce nouvel Hymen égale avidité.

SOPHONISBE.

Ce n'étoit point l'amour qui la rendoit égale,
C'étoit la folle ardeur de braver ma rivale,
I'en faisois mon supresme & mon unique bien,
Tous les cœurs ont leur foible , & c'étoit là le
        mien.
La presence d'Eryxe aujourd'huy m'a perduë,
Ie me serois sans elle un peu mieux défenduë,
I'aurois sçeu mieux choisir,& les temps,& les lieux,
Mais ce vainqueur vers elle eust pû tourner les
        yeux.
Tout mon orgueil disoit à mon ame jalouse
Qu'une heure de remise en eust fait son épouse,
Et que pour me braver à son tour hautement
Son feu se fust saisy de ce retardement.
Cet orgueil dure encor,& c'est luy qui l'invite
Par un message exprès à me rendre visite,
Pour reprendre à ses yeux un si cher conquerant,
Ou , s'il me faut mourir, la braver en mourant.

Mais je voy Mezetulle, en cette conjoncture
Son retour fans ce Prince eft d'un mauvais augure,
Raffermy-toy, mon ame, & pren des fentimens
A te mettre au deffus de tous évenemens.

SCENE II.

SOPHONISBE, MEZETVLLE, HERMINIE.

SOPHONISBE.

Qvand reviendra le Roy?
　　　　　　　MEZETVLLE.
　　　　　　　　　　　Pourray-je bien vous dire
A quelle extrémité le porte un dur empire,
Et fi je vous le dis, pourrez-vous concevoir
Quel eft fon déplaifir, quel eft fon defespoir?
Scipion ne veut pas mefme qu'il vous revoye.
　　　　　SOPHONISBE.
.l'ay donc peu de raifon d'attendre cette joye,
Quand fon maiftre a parlé, c'eft à luy d'obeïr.
Il luy commandera bien-toft de me haïr,
Et dès qu'il recevra cette loy fouveraine,
Ie ne doy pas douter un moment de fa haine.
　　　　　MEZETVLLE.
Si vous pouviez douter encor de fon ardeur,
Si vous n'aviez pas veu jufqu'au fond de fon cœur,
Ie vous dirois....
　　　　　SOPHONISBE.
　　　Que Rome à prefent l'intimide?
　　　　　MEZETVLLE.
Madame, vous fçavez...
　　　　　　　　　F iij

SOPHONISBE.

　　　　　　　Ie ſçay qu'il eſt Numide,
Toute ſa Nation eſt ſujette à l'amour,
Mais cet amour s'allume & s'éteint en un jour,
J'aurois tort de vouloir qu'il en euſt davantage.

MEZETVLLE.

Que peut en cet état le plus ferme courage?
Scipion, ou l'obſede, ou le fait obſerver,
Dès demain vers Vtique il le veut enlever...

SOPHONISBE.

N'avez-vous de ſa part autre choſe à me dire?

MEZETVLLE.

Par grace on a ſouffert qu'il ait pû vous écrire,
Qu'il l'ait fait ſans témoins, & par ce peu de mots
Qu'ont arroſé ſes pleurs, qu'ont ſuivy ſes ſanglots,
Il vous fera juger...

SOPHONISBE.

　　　　Donnez.

MEZETVLLE.

　　　　　　　Avec ſa lettre,
Voilà ce qu'en vos mains j'ay charge de remettre.

BILLET DE MASSINISSE A SOPHONISBE.

Sophonisbe lit.

Il ne m'eſt pas permis de vivre voſtre époux,
　　　Mais en fin je vous tiens parole,
　Et vous éviterez l'aspect du Capitole,
　　　Si vous étes digne de vous.
　　Ce poiſon que je vous envoye
　　En eſt la ſeule & triste voye,
　Et c'eſt tout ce que peut un déplorable Roy,
　　　Pour dégager ſa foy.

SOPHONISBE.

Voilà de ſon amour une preuve aſſez ample,
Mais s'il m'aimoit encor, il me devoit l'exemple:

Plus esclave en son camp que je ne suis icy,
Il devoit de son sort prendre mesme soucy.
Quel present nuptial d'un époux à sa femme!
Qu'au jour d'un Hymenée il luy marque de flame!
Reportez, Mezetulle, à vostre illustre Roy
Vn secours dont luy-mesme a plus besoin que moy,
Il ne manquera pas d'en faire un digne usage,
Dès qu'il aura des yeux à voir son esclavage.
Si tous les Rois d'Afrique en sont toûjours pourveûs,
Pour dérober leur gloire aux malheurs impreveus,
Comme eux & comme luy j'en dois estre munie,
Et quand il me plaira de sortir de la vie,
De montrer qu'une femme a plus de cœur que luy,
On ne me verra point emprunter rien d'autruy.

SCENE III.

SOPHONISBE, ERYXE, PAGE, HERMINIE, BARCEE.

SOPHONISBE.

ERyxe viendra-t'elle? as-tu veu cette Reine?
PAGE.
Madame, elle est déja dans la chambre prochaine,
Surprise d'avoir sceu que vous la vouliez voir.
Vous la voyez, elle entre.
SOPHONISBE.
Elle va plus sçavoir.
Si vous avez connu le Prince Massinisse....
ERYXE.
N'en parlons point, Madame, il vous a fait justice.

SOPHONISBE.

Vous n'avez pas connu tout à fait son esprit.
Pour le connoistre mieux, lisez ce qu'il m'écrit.

ERYXE.   *Elle lit bas.*

Du costé des Romains je ne suis point surprise,
Mais ce qui me surprend, c'est qu'il les authorise,
Qu'il passe plus avant qu'ils ne voudroient aller.

SOPHONISBE.

Que voulez-vous, Madame? il faut s'en consoler.
Allez, & dites-luy que je m'apreste à vivre,
En faveur du triomphe, en dessein de le suivre,
Que puisque son amour ne sçait pas mieux agir,
Ie m'y reserve exprès pour l'en faire rougir.
Ie luy dois cette honte, & Rome son amie
En verra sur son front rejallir l'infamie:
Elle y verra marcher, ce qu'on n'a jamais veu,
La femme du vainqueur à costé du vaincu,
Et mes pas chancelants sous ces pompes cruelles
Couvrir ses plus hauts faits de taches éternelles.
Portez-luy ma réponse, allez.

MEZETVLLE.

Dans ses ennuis...

SOPHONISBE.

C'est trop m'importuner en l'état où je suis.
Ne vous a-t'il chargé de rien dire à la Reine?

MEZETVLLE.

Non, Madame.

SOPHONISBE.

Allez donc, & sans vous mettre en peine,
De ce qu'il me plaira croire, ou ne croire pas,
Laissez en mon pouvoir ma vie, & mon trépas.

SCENE IV.

SOPHONISBE, ERYXE, HERMINIE, BARCEE.

SOPHONISBE.

VNe troisiéme fois mon sort change de face,
  Madame, & c'est mon tour de vous quitter la
    place.
Ie ne m'en défens point, & quel que soit le prix
De ce rare tresor que je vous avois pris,
Quelques marques d'amour que ce Heros m'en-
    voye,
Ce que j'en eus pour luy vous le rend avec joye.
Vous le conserverez plus dignement que moy.

ERYXE.

Madame, pour le moins, j'ay sçeu garder ma foy,
Et ce que mon espoir en a receu d'outrage
N'a pû jusqu'à sa plainte emporter mon courage.
Aucun de nos Romains sur mes ressentimens...

SOPHONISBE.

Ie ne demande point ces éclaircissemens,
Et m'en rapporte aux Dieux qui sçavent toutes
    choses.
Quand l'effet est certain, il n'importe des causes.
Que ce soit mon malheur, que ce soient nos tyrans,
Que ce soit vous, ou luy; je l'ay pris, je le rends.
  Il est vray que l'état où j'ay sçeu vous le prendre
N'est pas du tout le mesme où je vay vous le rendre.
Ie vous l'ay pris vaillant, genereux, plein d'honneur,
Et je vous le rends lasche, ingrat, empoisonneur;

Ie l'ay pris magnanime,& vous le rends perfide,
Ie vous le rends sans cœur,& l'ay pris intrepide,
Ie l'ay pris le plus grand des Princes Africains,
Et le rends, pour tout dire,esclave des Romains.

ERIXE.

Qui me le rend ainsi n'a pas beaucoup d'envie
Que j'attache à l'aimer le bonheur de ma vie.

SOPHONISBE.

Ce n'est pas là,Madame,où je prends interest.
Acceptez, refusez,aimez-le tel qu'il est,
Dédaignez son merite,estimez sa foiblesse,
De tout vostre destin vous étes la maîtresse,
Ie la seray du mien,& j'ay crû vous devoir
Ce mot d'avis sincere avant que d'y pourvoir.
S'il part d'un sentiment qui flâte mal les vostres,
Lælius que je voy vous en peut donner d'autres,
Souffrez que je l'évite, & que dans mon malheur
Ie m'ose de sa veuë épargner la douleur.

SCENE V.

LÆLIVS, ERYXE, LEPIDE, BARCEE.

LÆLIVS.

L Epide, ma presence est pour elle un supplice.

ERIXE.

Vous a-t'on dit,Seigneur,ce qu'a fait Massinisse?

LÆLIVS.

I'ay sçeu que pour sortir d'une temerité
Dans une autre plus grande il s'est précipité.

Au bas de l'escalier j'ay trouvé Mezetulle.
Sur ce qu'a dit la Reine il est un peu credule.
Pour braver Massinisse, elle a quelque raison
De refuser de luy le secours du poison,
Mais ce refus pourroit n'estre qu'un stratagesme,
Pour faire malgré nous son destin elle-mesme.

    Allez l'en empescher, Lepide, & dites-luy
Que le grand Scipion veut luy servir d'appuy,
Que Rome en sa faveur voudra luy faire grace,
Qu'un si prompt desespoir sentiroit l'ame basse,
Que le temps fait souvét plus qu'on ne s'est promis,
Que nous ferons pour elle agir tous nos amis;
Enfin avec douceur taschez de la reduire
A venir dans le camp, à s'y laisser conduire,
A se rendre à Syphax, qui mesme en ce moment
L'aime & l'adore encor malgré son changement.
Nous attendrons icy l'effet de vostre adresse,
Ny perdez point de temps...

SCENE VI.

LÆLIVS, ERYXE, BARCEE.

LÆLIVS.

Et vous, grande Princesse,
Si des restes d'amour ont surpris un vainqueur,
Quand il devoit au vostre, & son trosne, & son cœur,
Nous vous en avons fait assez prompte justice,
Pour obtenir de vous que ce trouble finisse,
Et que vous fassiez grace à ce Prince inconstant,
Qui se vouloit trahir luy-mesme en vous quittant,

E R Y X E.

Vous auroit-il prié, Seigneur, de me le dire?

L Æ L I V S.

De l'effort qu'il s'est fait il gemit, il souspire,
Et je croy que son cœur encor outré d'ennuy
Pour retourner à vous n'est pas assez à luy.
Mais si cette bonté qu'eut pour luy vostre flâme
Aidoit à sa raison à rentrer dans son ame,
Nous aurions peu de peine à rallumer des feux
Que n'a pas bien éteint cette erreur de ses vœux.

E R Y X E.

Quand d'une telle erreur vous punissez l'audace,
Il vous sied mal pour luy de me demander grace.
Non que je la refuse à ce perfide tour;
L'Hymen des Rois doit estre au dessus de l'amour,
Et je sçay qu'en un Prince heureux, & magnani-
me,
Mille infidelitez ne sçauroient faire un crime:
Mais si tout inconstant il est digne de moy,
Il a cessé de l'estre en cessant d'estre Roy.

L Æ L I V S.

Ne l'est-il plus, Madame, & si la Getulie
Par vostre illustre Hymen à son trosne s'allie,
Si celuy de Syphax s'y joint dès aujourd'huy,
En est-il sur la Terre un plus puissant que luy?

E R Y X E.

Et de quel front, Seigneur, prend-il une couronne,
S'il ne peut disposer de sa propre personne,
S'il luy faut pour aimer attendre vostre choix,
Et que jusqu'en son lit vous luy fassiez des loix?
Vn Sceptre compatible avec un joug si rude
N'a rien à me donner que de la servitude,
Et si vostre prudence ose en faire un vray Roy,
Il est à Sophonisbe, & ne peut estre à moy.

Ialouf

Ialoufe feulement de la grandeur Royale,
Ie la regarde en Reine, & non-pas en rivale;
Ie voy dans fon deftin le mien envelopé,
Et du coup qui la perd tout mon cœur eft frapé.
Par voftre ordre on la quitte,& cet amy fidelle
Me pourroit au mefme ordre abãdonner cõme elle.
    Difpofez de mon fceptre,il eft entre vos mains,
Ie veux bien le porter au gré de vos Romains,
Ie fuis femme,& mon fexe accablé d'impuiffance
Ne reçoit point d'affront par cette dépendance,
Mais je n'auray jamais à rougir d'un époux,
Qu'on voye ainfi que moy ne regner que fous vous.
        L Æ L I V S.
Détrompez-vous,Madame,& voyez dans l'Afie
Nos dignes Alliez regner fans jaloufie,
Avec l'independance , avec l'authorité
Qu'exige de leur rang toute la Majefté.
Regardez Prufias , confiderez Attale,
Et ce que fouffre en eux la dignité Royale;
Mafiniffe auec vous & toute autre moitié
Recevra mefme honneur.& pareille amitié.
Mais quant à Sophonisbe, il m'eft permis de dire
Qu'elle eft Carthaginoife, & ce mot doit fuffire.
    Ie dirois qu'à la prendre ainfi fans noftre aveu,
Tout noftre amy qu'il eft, il nous bravoit un peu,
Mais comme je luy veux conferver voftre estime,
Autant que je le puis je déguife fon crime,
Et nomme feulement imprudence d'Etat
Ce que nous aurions droit de nommer attentat.

SCENE VII.

LÆLIVS, ERYXE, LEPIDE, BARCEE.

LÆLIVS.

MAis Lepide déja revient de chez la Reine.
Qu'avez-vous obtenu de cette ame hautaine?
LEPIDE.
Elle avoit trop d'orgueil pour en rien obtenir,
De sa haine pour nous elle a sceu se punir.
LÆLIVS.
Ie l'avois bien préveu, je vous l'ay dit moy-mesme,
Que ce dessein de vivre étoit un stratagesme,
Qu'elle voudroit mourir, mais ne pouviez-vous
LEPIDE.   (pas...
Ma presence n'a fait que haster son trépas.
A peine elle m'a veu, que d'un regard farouche
Portant je ne sçay quoy de sa main à sa bouche,
Parlez, m'a-t'elle dit, *je suis en seureté,*
Et recevray vostre ordre avec tranquillité.
Surpris d'un tel discours je l'ay pourtant flatée,
l'ay dit qu'en grande Reine elle seroit traitée,
Que Scipion & vous en prendriez soucy,
Et j'en voyois déja son regard adoucy,
Quand d'un soûris amer me coupant la parole,
Qu'aisément, reprend-elle, *une ame se console!*
Ie sens vers cet espoir tout mon cœur s'échaper,
Mais il est hors d'état de se laisser tromper,
Et d'un poison amy le secourable office
Vient de fermer la porte à tout vostre artifice.

Dites à Scipion qu'il peut dès ce moment
Chercher à son triomphe un plus rare ornement.
Pour voir de deux grands Rois la lascheté punie,
J'ay dû livrer leur femme à cette ignominie;
C'est ce que meritoit leur amour conjugal;
Mais j'en ay dû sauver la fille d'Asdrubal.
Leur bassesse aujourd'huy de tous deux me dégage,
Et n'étant plus qu'à moy je meurs toute à Carthage,
Digne sang d'un tel pere, & digne de regner,
Si la rigueur du Sort eust voulu m'épargner.
A ces mots la sueur luy montant au visage,
Les sanglots de sa voix saisissent le passage,
Vne morte pasleur s'empare de son front: † morne
Son orgueil s'applaudit d'un remede si prompt,
De sa haine aux abois la fierté se redouble,
Elle meurt à mes yeux, mais elle meurt sans trouble,
Et soûtient en mourant la pompe d'un couroux,
Qui semble moins mourir, que triompher de nous.

ERYXE.

Le diray-je, Seigneur, je la plains, & l'admire,
Vne telle fierté meritoit un Empire,
Et j'aurois en sa place eu mesme aversion
De me voir attachée au char de Scipion.
La Fortune jalouse, & l'Amour infidelle
Ne luy laissoient icy que son grand cœur pour elle,
Il a pris le dessus de toutes leurs rigueurs,
Et son dernier soûpir fait honte à ses vainqueurs.

LÆLIVS.

Ie diray plus, Madame, en dépit de sa haine.
Vne telle fierté devoit naistre Romaine.
Mais allons consoler un Prince genereux,
Que sa seule imprudence a rendu malheureux;
Allons voir Scipion, allons voir Massinisse,
Souffrez qu'en sa faveur le temps vous adoucisse,

Et preparez voftre ame à le moins dédaigner,
Lors que vous aurez veu comme il fçaura régner.

ERYXE.

En l'état où je fuis je fais ce qu'on m'ordonne,
Mais ne difpofez point, Seigneur, de ma perfonne,
Et fi de ce Heros les defirs inconstans...

LÆLIVS.

Madame, encor un coup laiffons-en faire au temps.

Fin du cinquième & dernier Acte.

www.ingramcontent.com/pod-product-compliance
Lightning Source LLC
LaVergne TN
LVHW050610090426
835512LV00008B/1425